KB040139

아직 꼰대는 되고 싶지 않습니다

아직 꼰대는 되고 싶지 않습니다

90년대생과 수평적 조직을 만들기 위한
공감과 존중의 리더십

김성남 지음

갈매나무

90년대생과 함께
젊고 건강한 조직을 만들어가기 위해

인간 사회에는 항상 지배적 담론이 존재합니다. 코로나19 확산 전 한두 해 동안 우리나라에서 조직들을 지배하는 가장 영향력 있는 담론 주제 중에는 '90년대생'과 '꼰대'도 있었습니다. 모두 조직 안의 특정 연령대 사람들을 대상으로 하지만, 둘을 하나로 묶어서 보는 경향은 별로 없었습니다. 조직 컨설팅과 리더십 코칭을 업으로 하다 보니 저는 2019년 여름부터 90년대생 담론과 꼰대 담론의 관계에 대해 본격적으로 흥미를 느끼게 되었습니다. 바로 전 해에 90년대생을 소재로 한 책이 베스트셀러가 되었고 꼰대, 라떼라는 말이 우리 일상 언어로 자리잡은 지도 어느 정도 지난 시점이었으니까요.

무수한 자료를 읽고, 영상을 보고, 일상에서 관찰도 해보고, 세대별로 수십 명의 관리자와 직장인들을 인터뷰도 했습니다. 그 과정에서 두 가지를 깨달았습니다. 첫째, 90년대생 담론과 꼰대 담론이 조직 사회 안에서 동전의 양면과 같은 이슈라는 점입니다. 조직 내 세대 갈등이 문제가 되는 곳은 대개 이 두 가지가 충돌하는 경우였습니다. 둘째, 90년대생 관련 콘텐츠의 대부분이 현상만 얘기하고 대안을 제시하지 못하거나, 대안이 있더라도 조직의 관리자들이 실천할 수 있는 수준이 아닌 경우가 많았습니다.

이 책은 90년대생 관련 현상과 세대갈등의 본질을 이해하고, 그것을 바탕으로 조직 관리자들이 어떤 리더십을 발휘하면 좋을지에 대한 탐색을 위해 썼습니다. 책을 쓰면서 세 가지 부분에 특별히 주의를 기울였습니다. 첫째, 획일적 프레임을 피하려고 했습니다. 몇 가지 키워드로 90년대생의 특성을 요약하고 거기에 대해 처방을 제시하는 방식이 아니라, 조직과 사람 관리를 하는 데 필요한 일반적인 원리에 90년대생의 특성을 어떻게 고려해야 하는지를 서술하는 식으로 구성했습니다. 둘째, 맥락을 배제한 타자화에 빠지지 않기 위해 신경을 썼습니다. 90년대생들은 갑자기 외계에서 뚝 떨어진 존재가 아니라 기성세대가 만들어놓은 토양에서 자라난 사람들이기 때문입니다. 선배들은 경제적 풍요, 법치와 민주주의, 개인에 대한 존중 등 보편적 가치를 위해 희생을 했지만, 90년대생들은 그런 가치를 '기본'으로 장착하고 세상에 나왔습니다. 셋째, 실천적 대안을 제시했습니다. '90년대생들은 이렇게 다르다, 어떻게 관리할지는 알아서 해라'가 아니라, 무엇이 왜 다른지, 젊은 직원들과 함께 일을 하면서 어떻게 리더십을 발휘할 수 있는지에 대해 구체적인 팁을 최대한 명확하고 다양하게 제시하려고 했습니다.

책은 네 부분으로 구성했습니다. 1부는 관리자들이 편견을 내려놓고 90년대생의 속마음을 있는 그대로 느껴볼 수 있도록 '공감하기'에 초점을 맞췄습니다. 젊은 직원들에게 일을 시키고 동기부여하려면 그들이 어떤 것을 중요시하고, 취향과 스타일은 어떻고, 기피하는 것은 무엇인지를 정확히 알아야 하기 때문이지요. 세대 간의 갈등은 생각의 차이에서 시작하여 감정의 충돌로 이어지는 것이기 때문에, 먼저 '인지적 갈등'을 해소해야 '감정적 갈등'도 정리가 됩니다. 존중과 취향, 성공과 행복, 자유와 정직에 대한 90년대생의 생각을 이해하고, 그것이 '꼰대' 행동에 대한 비판과 어떻게 연결되는지에 대해서 살펴봅니다.

2부에서는 '동기부여'에 대한 관점 전환을 모색합니다. 과거에는 어느 정도 통했다고 생각했던 동기부여 방식이 왜 새로운 세대에게는 먹히지 않는지, 그들의 노동관과 자기개념이 기성세대와 어떻게 다른지 살펴봅니다. 그리고 90년대생들의 특성에 맞는 권한위임, 요즘 한창 주목받는 심리적 안전감, 일을 통한 자존감, 스마트한 인정과 칭찬의 방법에 대해서도 알아봅니다. '90년대생 일잘러'를 원한다면 우선 '관리'의 개념이 달라져야 하고, 그 기본은 동기부여입니다. 동기는 개인적이면서도 사회적이기 때문에 맥락이 달라지면 동기도 달라집니다. 따라서, 나한테 동기부여가 되었던 것이 다른 시대, 다른 공간의 사람에게는 동기를 자극하지 못할 수도 있다는 생각에서 출발해야 합니다.

아직 꼰대는 되고 싶지 않습니다

3부에서는 '일을 시키는 방법'에 대해 이야기해보고자 합니다. 일에 관해서 기성세대는 90년대생을 두 가지 극단에서 바라보는 경향이 있습니다. 하나는 지나친 낙관론입니다. 창의적이고 틀을 깨는 사고를 바탕으로 대단한 일을 해낼 것이라는 근거 없는 희망을 갖는 것입니다. 다른 하나는 '경험도 없는 신참들이 뭘 할 줄 알겠느냐'라며 무조건 폄하하는 것입니다. 오너십과 성장 욕구를 자극하는 적절한 일을 맡기고 유연하게 일할 수 있도록 위임하면 대부분의 90년대생들은 스마트하게 일을 잘할 수 있습니다. 직원들을 꼼짝 못하게 하는 관리자가 아니라, 지시하지 않아도 알아서 잘하고 싶도록 모범을 보이는 관리자가 되는 방법을 고민합니다.

4부를 통해 다룰 것은 수평적 소통을 하는 방법입니다. 90년대생의 언어 패턴에 영합하는 것이 아니라, 젊은 직원들의 감정을 상하게 하지 않고 '꼰대' 소리 안 들으면서 오해 없이 무난하게 대화하고 피드백하는 것이 어떻게 가능할지 알아봅니다. 새로운 내용은 아닐 수 있지만, 막상 실천하기는 매우 어려운 것들입니다. 우리는 조직 관리를 위해 많은 도구를 사용할 수 있지만, 그중에서 제일 중요한 것은 대화라고 생각합니다. 대화를 하다 보면 관계가 드러나는데, 잘못된 대화 방식은 그 자체로 갈등을 만들어냅니다. 90년대생과의 무난한 대화는 말을 어떻게 다르게 할 것인가의 문제가 아니라, 그들과의 관계에 대한 개념을 재정립함으로써 해결해야 하는 문제이고, 이는 결국 공감과 존중의 문제로 되돌아갑니다.

"미네르바의 부엉이는 황혼이 질 무렵에야 비로소 날개를 편다."

헤겔이 자신의 저서 《법철학Grundlinien der Philosophie des Rechts》 서문에 쓴 말입니다. 역시의 법칙은 미리 예측하기 어렵고 사후에 되돌아볼 때 제대로 이해할 수 있다는 의미로 흔히 해석됩니다. 사실이 책을 쓰면서 저는 많이 주저했습니다. 90년대생을 주제로 한 콘텐츠가 범람하는데, 거기에 하나를 더한다고 해서 의미가 있을지에 대해 걱정했었던 거죠. 하지만, 연구를 할수록 필요를 확신하게되었습니다. 90년대생에 대해 깊이 생각해보는 것은 90년대생만을위한 일이 아니라 조직 전체를 위한 일이 될 것이기 때문입니다. 이 책이 몇 년 후 90년대생들이 관리자가 되었을 때에도 도움이 될수 있으면 좋겠습니다.

차례

1부

공감하는 리더십이
다니고 싶은 회사를 만든다

한 국내 언론사가 2019년 말 주요 기업 홍보 관계자들을 대상으로 '2019년 10대 JOB 뉴스'라는 주제로 조사를 했습니다. 여기에서 1위로 꼽힌 키워드는 다름 아닌 '기업문화를 뒤흔든 90년대생'이었죠. 하지만, 조직의 중간 관리자들은 90년내생 젊은 지원들을 하나로 모아서 성과를 내는 것이 너무 힘들다고 합니다. 눈치 보지 않고 원할 때 휴가 가고, 일이 마무리되지 않았는데도 시간 되면 퇴근하고, 회의하자고 하면 불만 가득한 표정부터 짓고 말이죠. 분위기를 '업'해보려고 회식을 제안해도 반응이 뜨뜻미지근해 법인 카드만 넘겨주는 경우도 꽤 있다고 합니다.

옛날처럼 젊은 직원들 강하게 키운다고 호통을 치거나 까다롭게 지적을 했다가는 회사 그만둔다고 할까 봐 그러지도 못합니다. 2019년 5월 취업포털 사람인이 최근 1년 사이 신입 사원을 채용한 416개의 기업을 대상으로 조사한 바에 따르면 입사한 지 1년도 안 되어 퇴직한 직원이 31%라고 합니다. 그렇게 어렵다는 취업 관문을 뚫고 입사를 했는데 말이죠. 그리고 퇴사하는 이유는 '중간 관리자 때문'인 경우가 제일 많다고 합니다. 한 컨설팅 회사의 연구에 따르면 대한민국 직장인들이 상사 리더십에 만족하는 정도는 100점 만점에 평균 44점이라고 합니다.

대기업 직장 생활 12년 하고 퇴사한 80년대생이 쓴 90년대생에 관한 책이 베스트셀러가 되었습니다. 자신이 몇 년 동안 관찰한 90년대생을 '개인', '소비자', '직장인' 등 세 가지 프리즘으로 관찰하여 쓴 내용입니다. 90년대생이 도대체 어떤 친구들인지 궁금했던 많은 중간 관리자들은 이 책을 사서 봤습니다. 그런데 책을 읽은 사람들이 공통적으로 더 많은 것을 궁금해하게 됐습니다. '90년대생이 그렇다는 것은 알겠는데, 이제 어떻게 해야 할까?' 하고 묻게 된 것입니다. 이 책은 바로 그 질문에 대한 답을 모색하기 위한 고민의 결과입니다. 90년대생에 대한 이해를 바탕으로 써먹을 수 있는 리더십 아이디어를 얻을 수 있도록 구성했습니다.

우선 1부에서는 90년대생에게 공감하는 리더십에 대해 알아봅니다. 학생이나 소비자가 아닌 '직장인'으로서의 90년대생과 공존하고 그들과 더불어 리더십을 발휘하려면 외부인의 눈으로 타자화시켜 보는 것이 아니

아직 꼰대는 되고 싶지 않습니다

라, 그들의 생각과 감정을 있는 그대로 느끼는 것이 중요합니다. 세계적인 베스트셀러 《사피엔스》의 저자 유발 하라리Yuval Harari는 인류가 지구상에서 지배적 종으로 살아남는 데 중요한 원인이 된 것이 바로 공감 능력이라고 했습니다. 약 10만 년 전 지구에는 호모 에렉투스, 호모 네안데르탈렌시스, 호모 솔로엔시스 등 최소 6종의 인간 종이 살았지만 현생 인류(호모 사피엔스 사피엔스)만이 가장 뛰어난 공감 능력 덕에 천적과 자연 재해 등 생존을 위협하는 환경 속에서 협업을 함으로써 살아남았다는 것이죠. 우리도 90년대생과 함께 21세기 조직 생활에서 살아남기 위해서는 공감의 능력을 발휘해야 합니다.

90년대생과의 대화, 이제 시작해볼까요?

세대 갈등이 조직의 신뢰를 무너뜨린다

기업들의 조직문화 컨설팅을 수행하면서 많은 인터뷰를 하게 됩니다. 사람들은 상하를 막론하고 평소 하기 어려운 솔직한 얘기들을 쏟아냅니다. 다음 내용들은 그렇게 들은 대표적인 이야기들을 옮겨본 것입니다.

요즘 젊은 친구들, 직장을 너무 가볍게 생각하는 게 문제예요. 지각을 대수롭지 않게 하지를 않나, 일도 대충하고…… 수시로 확인하지 않으면 도무지 업무 진도가 안 나갑니다.

솔직히 팀장님이 근태 가지고 뭐라고 하실 입장은 아니죠. 지시만 해놓고 몇 시간씩 나가 계시다가 돌아와서 결과만 챙기시면서, 관리만 하면 일이 저절로 되는 줄 아시나……"

월급 받고 회사를 다니는 거면, 어느 정도 자기 희생을 할 수 있어야죠. 회사에 필요한 일을 시켜도, '커리어에 도움도 안 되는 일을 왜 해야 되는지' 따져 물으니, 내 참 기가 막혀서…….

> 솔직히 팀장님이 너무 무능하신 것 같아요. 실무도 잘 모르시면서 이래라 저래라 하시니, 저희들만 죽어나죠. 시킨 대로 열심히 해봤자 삽질이거든요. 한 번 속지, 두 번 속나요?

> SKY 위주로 뽑는데도 수준이 이것밖에 인 되는 것이 이해가 안 됩니다. 인성 검사를 어떻게 통과했나 싶을 정도로 협업이 안 돼요. 1년도 안 된 신입이 인사도 안 해요.

> 팀장님이 '요즘 젊은 사원들은……' 하고 얘기할 때마다 저 들으라고 하시는 것 같아서 미치겠어요. 그러면서 백날 회식하면 뭐 하나요? '소통을 위해' 회식을 한다는데, 뭐, 안 믿습니다.

사업이 잘 안 되고 분위기가 침체되어 직원들의 퇴직이 잦은 조직일수록 이런 부정적인 얘기들을 많이 합니다. 상사는 상사대로, 부하는 부하대로 서로에 대해 날 선 비판을 하지요. 듣고 있으면 가슴이 내려앉고 머리가 어질어질해집니다.

2020년 4월 대한상공회의소는 '직장 내 세대갈등' 관련 우리 사회의 인식을 조사하여 보고서로 냈습니다. 국내 30개 대기업 및 중견기업 직장인 약 1만 3000명에 대한 설문과 세대별 심층면접을 거쳐 작성한 것인데, 전체 응답자 중 63.9%가 '세대차이를 느끼고 있다'라고 답했습니다. 갈등은 주로 근무시간(야근, 퇴근시간), 업무방식(지시, 업무관행), 팀 빌딩(회식)을 둘러싸고 나타나며, 그 주요 원인은 기성세대와는 다른 경험, 성향, 가치관을 가진 80년대생과 90년대생이 사회에 진출하는 상황에서 조직 내 기성세대의 이해가 부족한 것이라고 분석하고 있습니다.

인간 집단에서 일어나는 문제는 바람직한 '표준'이 있고 거기에 적응하지 못하는 개인을 표준에 맞추도록 함으로써 대개 해결됩니다. 법을 어기면 처벌하고, 지식이 부족하면 교육을 하고, 체력이 부족하면 운동을 시킵니다. '표준'과 '일탈'이라는 틀 안에서 정의될 수 있는 문제는 그런 식으로 해결될 수 있습니다. 하지만, 서로 다른 표준이 충돌하는 경우에는 이런 접근 자체가 불가능합니다. 세대 갈등 문제가 꼭 그렇습니다. 기성세대의 기준으로 본다면 젊은 세대가 문제고, 젊은 세대 기준으로 보면 기성세대가 문제라 팽팽한 평행선을 그리게 됩니다. '개인주의가 심하다', '예의가 없다', '제 할 말 다한다', '헝그리 정신이 부족하다'와 같은 지적에, '권위주의적이다', '잔소리만 한다', '고리타분하다', '하는 일이 없다' 등의 비판으로 맞서는 모습입니다.

세대 차이는 어느 시대에나 있고 '답이 없는' 문제이니 내버려두자고 하기도 어렵습니다. 최근 직장에서 관찰되는 모습은 단순한 세대 '차이'에 머무르지 않고 이미 세대 '갈등'으로 커졌고, 일부 조직에서는 세대 '대립'으로 번지는 양상까지 보이기 때문입니다. 한 직장 건물 안에서 베이비부머, X세대, 밀레니얼, Z세대 등 네 세대가 함께 일하는 경우가 적지 않은 시대에 가볍게 볼 문제가 아닙니다. 실제로 한 조사에서는 직장인의 41.3%가 '직장 내 세대 차이로 업무의 효율성이 저하된다'라고 응답했습니다. 또 다른 조사에서는 상급자의 40%가 부하 때문에 퇴사 충동을 느끼고, 하급자의 80%는 상사 때문에 퇴사 충동을 느끼는 것으로 나타나 가해자와 피해자를 단순히 나눌 수도 없는 문제라는 것을 알 수 있습니다.

이런 와중에 세대 갈등에 너무 안타까운 수준으로 대응하는 일이 종종 발생하기도 합니다. 2020년 6월, 국내 언론을 통해 널리 알려진 사례기 있습니다. 국내 유수의 대기업 신임 CEO가 2030 젊은 직원들을 대상으로 간담회를 했는데, 그 자리에서 한 직원이 월급이 너무 적은 것 아니냐고 질문을 한 모양입니다. 아마도 CEO는 자기한테 그런 질문을 한다는 것이 애사심 부족의 표현이라고 생각했는지, 세대 갈등의 불에 휘발유를 붓는 수준의 답변을 합니다. 본인도 "동종사 대표들 중 가장 월급이 낮지만 만족"한다고 운을 띄운 뒤 "비교를 하려면 취직 못한 백수하고 해야 하지 않나…… 절이 싫으면 중이 떠나야지"라는 식으로 답한 것입니다. 그리고 "우리는 구글이나 삼성전자, 네이버, 카카오가 아니다"라는 식으로 꼬집은 후에, 동기나 친구들과 놀 시간에 선배하고 소통 좀 하라며 젊은 직원들을 훈계했다고 합니다.

그날 저녁 회사 블라인드 게시판에는 "할 말을 잃었다", "회사에 대해 다시 생각하게 되었다", "이 정도면 직장 내 괴롭힘 아니냐" 같은 내용의 글들이 올라왔지요. 원래 회사는 혁신을 선도해 대한민국 발전에 기여한다는 새로운 비전을 채택하고 커뮤니케이션을 하는 과정에서 젊은 직원들을 먼저 만났던 것인데 역효과를 거둔 것이죠. 적지 않은 시간과 돈을 들여 회사의 전략과 비전을 갈고 다듬었겠지만, 이렇게 젊은 직원들의 마음을 자극하고서 과연 잘 수습이 될지 의문입니다.

갈등을 넘어 수평적인 기업문화로

다시 세대 공감의 주제로 돌아와서 질문을 하고 싶습니다. 세대 갈등을 극복하고, 공존하면서 조직의 미래를 개척하기 위해 기성세대와 젊은 세대 중 '누가 먼저 손을 내밀어야 하는가?'라는 질문입니다. 결론부터 말하자면 저는 기성세대가 먼저 나서야 한다고 봅니다. 거기에는 몇 가지 이유가 있습니다.

첫째, 기성세대가 '표준'으로 생각하는 행동 규범들은 권위주의 하에서 고속성장을 구가하던 산업시대에 최적화되어 있었는데 이미 대한민국 주축 산업의 패러다임은 소프트웨어, 인공지능, 인터넷 등 디지털 쪽으로 무게 중심이 이동하고 있습니다. 그에 따라 과거에는 당연했던 평생 직장, 직장에 대한 헌신, 엄격한 위계, 장시간 근로, 연공서열 식의 보상 및 승진 등이 대한민국 조직에서 빠르게 사라져가고 있습니다. 과거 기업문화의 '물적 토대'가 무너지고 있다는 의미입니다.

둘째, 80~90년대생의 규모와 역할이 이미 상당히 중요해졌습니다. 2030 젊은 직원들은 사무직, 전문직, 기술직 등에서 주요 산업 조직의 70~80%를 차지하고 있습니다. 경영진 또는 중간 관리자로서 조직을 이끌어나가는 기성세대들은 젊은 직원들의 실무 능력과 아이디어를 끌어내지 못하면 정상적으로 조직 운영을 하기 어려워졌습니다. 특히 최근 40대 직장인들의 빠른 감소로 인해 이들의 역할은 더욱 중요해지고 있습니다.

셋째, 현재 MZ세대(밀레니얼 및 Z세대)가 표방하는 개인주의, 합리

주의, 수평지향성 등은 장기적인 기업문화의 발전 방향에 부합합니다. 전통적인 조직가치와 다르다는 이유로 이런 가치들을 억압하고 기존 문화에 동화시킬 경우, 그들이 기성세대가 되었을 때 다시 동일한 세대 갈등이 생길 수밖에 없습니다. 이는 실제로 70년대생 X세대들이 지금까지 밟아왔던 전철이기도 합니다. 따라서, 수평적인 기업문화 전환을 10년 정도 꾸준히 견지한다면 한국 문화가 몰라보게 달라질 것으로 예상합니다.

세대 간의 갈등을 넘어서 새롭고 수평적인 기업문화를 만들어가기 위해서는 2030세대가 원하는 가치를 포용하고 그것을 바탕으로 동기부여하고, 업무를 추진하고, 대화하는 노력이 필요합니다. 거기에 기업의 중간 관리자들이 참여해야 합니다. 그러기 위한 첫 단추는 공감하는 것입니다. 직장에서 세대 간의 공감은 상대의 감정을 정확하게 읽고 사려 깊게 이해함으로써 좋은 관계를 유지하는 기반이 됩니다.

90년대생들이 공통적으로 원하는 가치들이 있습니다. 존중에 기반해 대해주기를 바라고, 취향과 성공의 기준이 다른 점을 이해해주기를 원합니다. 리더들이 먼저 자기 인식을 갖고 옳고 그름에 대한 젊은 세대들의 판단에도 귀를 기울여주기를 바랍니다. 또한 자유와 권한은 누리면서도 직장 생활이 외롭지 않기를 바랍니다.

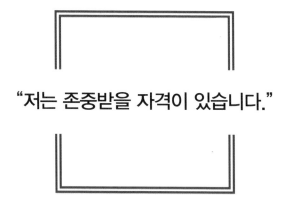

"저는 존중받을 자격이 있습니다."

2019년 6월 우리나라 축구대표팀은 U-20 월드컵 준우승이라는 역사를 썼습니다. 모두가 정정용 감독의 리더십 비밀을 궁금해했습니다. 그런데 사람들이 가장 놀란 것은 이런 성과를 내기 위해 젊은 선수들을 몰아붙이거나 사령탑으로서 대단한 카리스마를 발휘한 것이 아니었다는 점입니다. 정 감독은 '자율 속의 규율'을 강조했다고 하지요. 대표팀 소집 기간에도 휴대전화 사용에 대해 간섭하지 않았고, 자유 시간을 존중해줬으며, 가벼운 외출은 오히려 권했다고 합니다. 운동장에서는 선수들이 좋아하는 흥겨운 음악을 틀어놓았고 코칭 스태프들에게도 선수와 지도자 간의 수평적인 관계를 강조했다고 합니다. 그러니 선수들은 정 감독이 '착한 동네 아저씨' 같다고도 했습니다.

서로 다른 사람들이 조직 안에서 공존하면서 공동의 목적을 위해 함께 일할 수 있게 해주는 공통 분모가 있습니다. 바로 존중 respect입니다. 직장 경험이 상대적으로 많은 기성세대들이 90년대 생을 대할 때 가장 기본으로 깔고 가야 하는 것 역시 존중입니다. 정정용 감독이 자기만의 리더십을 성공적으로 발휘한 깃도 결국 자기 아들뻘밖에 안 되는 선수들과 모든 코칭 스태프를 존중으로 대했기 때문입니다.

그런데 지금의 중간 관리자들에게 존중은 실천하기 어려운 가치 입니다. 이들은 항상 존중은 '획득'해야 하는 것으로 배웠기 때문이 죠. 세상에는 너무 많은 사람들이 있고 모든 사람을 똑같이 존중한 다는 것은 자연스러운 것이 아니며, 뭔가 남다른 것을 해냈을 때만 존중을 받을 수 있는 것이라고 생각했습니다. 딱히 내세울 것이 없 다면 존중받지 못하는 것이 억울하지만 어쩔 수 없는 것이라고 믿 기도 했습니다. 학교 다닐 때부터 보면 어깨에 힘주고 다니는 친구 들은 달라도 뭔가 달랐습니다. 집이 부자거나, 아버지가 고위 공무 원이거나, 공부를 정말 잘하거나, 하다못해 싸움이라도 잘했으니 말입니다.

미국 조지타운대학교 경영대학원 교수 크리스틴 포래스Christine Porath는 직장 내 무례함workplace incivility을 전문적으로 연구했습니다. 포래스 교수는 존중을 '당위적 존중owed respect'과 '획득적 존중 earned respect', 두 가지로 구분합니다.

당위적 존중

- 그 조직의 구성원이기 때문에 당연히 주어지는 존중
- 동료 간의 안부 묻기, 모두를 동등하게 대하기, 출입구에서 문 잡아주기

획득적 존중

- 뭔가 괄목할 만한 일을 했기 때문에 특별히 부여되는 존중
- 분기 실적을 초과 달성하거나 시험에서 1등을 했을 때 칭찬하는 것

전통적 위계 조직, 성과 일변도의 조직은 획득적 존중을 우선시하는 문화가 강합니다. 두 가지 존중은 모두 필요하고 균형을 이뤄야 하는데, 획득적 존중만 강조하는 조직일수록 직장 내 무례함이 심하다고 합니다.

어려서부터 배려와 존중 속에서 자란 90년대생들은 회사에서도 존중을 받는 것을 당연하다고 생각합니다. 하지만, 아직 조직 내 높은 지위를 차지하거나 뚜렷한 성과를 내지는 못한 상태이기 때문에 당위적 존중을 더 필요로 하죠. 하지만, '획득 존중' 마인드로 무장한 선배, 고참, 상사들의 눈에는 아무것도 해낸 것 없이 존중을 요구하는 90년대생의 요구가 '어리광'으로 보입니다. 70년대생의 인식으로 90년대생을 대하면, 젊은 직원들은 선배, 상사, 회사가 자신을 '무례'하게 다룬다고 느끼게 되죠. 갈등이 생길 수밖에 없는 구조입니다. 앞에서 예로 든 인터뷰 코멘트를 다시 읽어보면 서로에 대해 부정하고 헐뜯는 말 속에서 상호 존중 결핍이 느껴지

지 않나요? 이렇게 존중이 없는 사람들이 모여서 일하면 마치 윤활유를 칠하지 않은 기계를 억지로 돌릴 때와 비슷한 상황이 벌어집니다.

《결정적 순간의 대화Crucial Conversations》라는 책에는 이런 말이 나옵니다. "존중은 공기와 같다. 공기가 있을 때 사람들은 그 소중함을 모른다." 공감이 되는 얘기입니다. 포래스 교수의 연구에 따르면 존중받지 못한다고 느끼는 구성원의 80%는 자신이 뭔가 잘못을 한 것은 없는지 걱정하느라 대부분의 시간을 쓰고, 48%는 고의적으로 일을 대충한다고 합니다. 회사에서 존중을 못 받고 있다고 느끼는 직원들은 고객들에게 무례하게 행동할 확률도 높아집니다. 여러분이 젊은 직원을 무시하고 기분 상하게 하면, 그로 인해서 고객 불만을 받게 되는 일이 생길 가능성이 커진다는 말입니다.

존중을 어떻게 표현해야 할까?

기성세대 관리자들도 존중을 하기 싫어서 안 하는 것은 아닙니다. 경험이 부족해서 모르는 경우도 많다고 생각합니다. 윗사람에게 존경을 표하는 것은 배웠지만, 위아래를 가리지 않고 모두에게 존중을 표하는 것은 생소합니다.

90년대생과 함께 일하고 생활하면서 존중을 잘 표현하려면 어떻게 하면 될까요? 일상 생활에서는 다음과 같은 방식으로 존중을 보여줄 수 있습니다.

아직 꼰대는 되고 싶지 않습니다

의견 존중	• 상대의 말과 의견을 진지하게 들어준다. • 회의에서 직급에 관계 없이 발언 기회를 주고, 말허리를 자르지 않는다.
취향 존중	• 취미나 선호 등이 서로 다를 수 있다는 것을 인정하고 강요하지 않는다. • 취향 차이로 인해 말투, 표정, 어조 등에서 불편함을 표하지 않는다.
선택 존중	• 이해 관계가 걸려 있는 문제에 대해서는 본인 의견을 묻고 최대한 반영한다. • 개인의 선택으로 인해 불이익이나 불편함을 주지 않는다.
기회 존중	• 업무, 교육, 파견, 승진 등 기회에서 특정 직원을 배제하거나 소외하지 않는다. • 성장 과정에서 남다른 경쟁을 치르며 살아온 90년대생들에게 기회에 대한 존중은 특히 중요하다.
시간 존중	• 업무 시간을 스스로 효율화할 수 있도록 시간에 대한 통제권을 인정한다. • 예정에 없는 갑작스런 호출, 지시, 변경은 최소화하고 양해를 구한다.

머리로 생각하기에는 쉬울 것 같지만 막상 해보면 쉽지 않습니다. 사람의 행동 변화는 오히려 작은 것을 바꾸는 것이 더 어렵기 때문입니다. 큰 변화는 눈에 확 띄고, 의식적으로 '고쳐야겠다' 하고 생각하기 때문에 몇 번 노력하면 고쳐집니다. 하지만, 작은 변화는 머릿속에 의식하지 않는 가운데 무심코 습관적으로 하는 행동들이라 더 바뀌기 어려운 거죠. 회의 자리에서 직원의 의견을 무시하고, 항상 일방통행식으로 결정하고, 말투나 표정으로 젊은 직원들을 찍어 누르는 '문제 상사'도 마음은 그렇지 않다는 것을 알 수 있습니다.

조직 문화 전문가들이 미국의 한 대학병원에서 환경미화를 담당하는 직원들을 대상으로 업무 몰입 조사를 했습니다. 이 조사 결과를 통해 평소 자신들과 말을 잘 섞지 않는 의사들이 먼저 눈 인사를 하거나 문을 잡아주는 정도의 행동 변화만 보여도 직원 개인의 정서적 에너지('나는 일터에서 에너지가 넘친다')와 자기 가치 인식('나는 이 조직에서 중요한 사람이라고 느낀다')이 눈에 띄게 증가하는 것을 볼 수 있었다고 합니다. 작은 변화는 실천에 옮기는 것이 어렵지만, 막상 실행하면 효과가 뚜렷이 나타납니다. 상대에게 존중을 표현하는 것도 마찬가지입니다. 앞에서 소개한 다섯 가지 존중 표현은 공통적으로 '자제'하는 노력을 필요로 합니다. 자제self-control라는 것은 무심결에 나오는 언행에 주의를 기울여서 상대에 부정적인 영향을 주는 결과가 되지 않도록 주의attention를 기울이는 것을 말합니다. 내가 지금 하는 별것 아닌 듯한 행동, 말, 표정 등이 상대에게는 '존중' 또는 '비존중'으로 해석되기 때문입니다.

이런 얘기를 하면 다음과 같이 말씀하시는 분도 분명히 있을 겁니다. "일만 해도 바쁜데 어떻게 그렇게 세세하게 관리를 하겠느냐, 피곤하게." "그러게, 하나에서 열까지 다 젊은 직원들 위주로 맞춰주면 너무 응석받이가 되는 것 아니냐." 맞습니다. 그런 직원들도 있을 수 있겠죠. 잘해주는 것도 모르고 기고만장해질 수도 있습니다. 하지만, 괜찮습니다. 그들이 일시적으로 이기적인 행동을 하더라도, 그들이 책임 능력을 갖춘 성인이라는 사실이 바뀌는 것은 아니거든요. 존중한다는 말을 바꿔서 이해해보면 상대를 '어른'

으로 대한다는 뜻입니다. 많은 것을 어른들에게 물어보고 해야 하는 아이들과 달리 어른은 주어진 책임을 지는 대신 자유를 누릴 수 있는 것이고, 그럴 때 제대로 된 성과를 낼 수 있습니다.

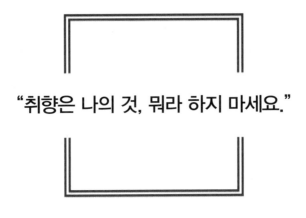

"취향은 나의 것, 뭐라 하지 마세요."

사람은 누구나 '존재감'을 갖고 살아가길 원합니다. 존재감은 다양한 토양에서 자라죠. 지위와 권력에서 존재감을 찾는 사람도 있고, 조직에 기여하거나 사회에 공헌하는 데서 존재감을 느끼는 사람도 있습니다. 하지만, 존재감을 느낄 정도의 '뭔가'를 이루는 데는 상당한 시간과 노력, 운이 필요합니다.

기존 조직에서 존재감은 대개 '직급' 순으로 배열할 수 있었습니다. '사장님이 가장 높고, 다음에 임원, 다음에 팀장, 다음에 고참 부장……'과 같은 식으로요. 이런 틀 안에서 말단 직원들은 존재감을 느낄 일이 거의 없었습니다. 당연히 자기가 원하는 만큼의 존재감을 누리지 못하는 사람들이 많았죠. 기성세대가 직장 생활을 막 시작했을 때는 존재감의 공백이 있어도 그냥 그런대로 살았습니다. 그런 공백을 굳이 채우려고 하지도 않았죠. 그저 하루하루 살

아직 꼰대는 되고 싶지 않습니다

기도 바빴으니까요.

하지만, 한국 사회에서 비교적 풍요롭고 안정적인 성장기를 경험한 90년대생 직장인들은 다릅니다. 통행금지는 없어지고 해외여행도 자유화된 '마이카' 시대에 태어나고 자란 이들 중 다수는 하고 싶은 것 다 해보고, 가고 싶은 곳 다 가보면서 컸습니다. 유학, 연수, 여행 등이 흔해지면서 외국어에 대한 울렁증도 없고 세상을 바라보는 시야 자체가 다른 이들이 많아졌습니다. 이런 젊은 직원들에게는 존재감의 공백을 그대로 두고 사는 것이 고통스러운 일입니다.

저는 취향의 본질이 '보여주기'라고 생각합니다. 만약 어떤 사람이 무인도에서 다른 사람들과 전혀 접촉하지 않고 산다면, 완전하게 자급자족할 수 있고 뭐든지 할 수 있는 여건이 되더라도 어떤 취향을 개발하기는 쉽지 않을 것입니다. 잠시 뭔가 독특한 행동을 해보다가도 '이게 무슨 미친 짓인가' 하면서 집어치울 가능성이 높겠죠.

'사진찍기'라는 행동을 한번 생각해보세요. 스마트폰이 보급되기 전에 사람들은 '필요할 때' 사진을 찍었습니다. 졸업 사진, 가족 사진, 야유회 사진 등 뭔가 의미 있는 기록을 남기기 위한 사진을 찍었죠. 하지만 지금은 어떤가요? 보여주기 위해 사진을 찍습니다. 맛있어 보이는 스테이크, 예쁜 케이크, 퇴근하면서 보는 석양 등은 나중에 다시 보기 위해서가 아니라 자기가 속한 커뮤니티의 사람들에게 나를 보여주고 '내가 이렇게 살고 있다', '좀 알아 달라' 하는 메시지를 전하기 위해 찍는 경우가 많죠. 과거에는 '나는 생각한다, 고로 존재한다' 같은 식으로 존재감의 근원이 생각하는 능력에 기반했다고 한다면, 이제는 '나는 보여주다, 고로 존재한다'라고 할 정도로 존재감의 근원은 상당 부분이 나의 개성과 취향을 드러내는 데 있다고 생각하는 사람들이 많습니다.

취향은 원래 생활이 해결된 다음의 문제입니다. 기성세대도 취향을 추구하는 삶을 살고 싶었지만 사회 초년병 시절에 그런 여건이 되지 않았습니다. 예를 들어, 골프 같은 운동은 최소한 팀장 정도는 되어야 배우는 것으로 알았죠. 지금은 대리, 과장도 얼마든지 골프를 칩니다.

90년대생들은 취미 생활도 뭔가 자기만의 개성이 묻어나게 해보려고 합니다. 전문가 못지않은 지식과 경험을 갖춘 '덕후'들도 많고, 매체나 콘텐츠도 자기 입맛에 맞춰서 소비합니다. 친구들끼리 몇 만 원씩 모아 시내 호텔 잡고 생일 파티를 하는 것도 그리 신기하지 않습니다.

젊은 직원들이 편안하게 취향을 드러낼 수 있기 위해서는 주변 사람들이 취향 추구에 대해 갑론을박하지 않는 것이 좋습니다. 취향을 인정해주기 어렵다는 생각이 들더라도, 최소한 비판은 하지 말아야 하죠. 그러기 위해서는 90년대생들이 특이하거나 다소 앞서 가는 취향을 추구하더라도 적당히 넘어가주는 아량이 필요합니다.

"그럴 수 있지."

취업포털 잡코리아와 알바몬이 세대별 성인 남녀 5915명을 대상으로 '세대별 세대차이 현황'에 대해 조사를 했는데, '성공적인 삶을 위해 반드시 좋은 직장에 들어가야 하는지' 묻는 질문에 대해 1960년대생의 경우 71.7%가 '그렇다'라고 답했고, 1970년대생(58.3%), 1980년대생(53.1%), 1990년대생(44.3%), 2000년대생(39.1%) 순으로 젊은 연령대일수록 긍정 답변을 하는 비율이 낮아지는 모습을 보였습니다.

사실, 사람들이 저마다의 취향을 갖는 것은 좋은 것입니다. 서로 존재감을 증명하기 위해 힘겨루기를 하지 않고 각자의 방식으로 행복 추구를 하기 때문에 갈등을 덜 일으키기 때문이죠. 하지만 직장 생활을 하면서 취향 추구를 하는 것은 쓸데없이 튀는 행동으로 좋지 않다고 보는 조직이 있습니다. 이런 조직에서 90년대생은 불만을 느낍니다. '내 취향은 나의 것인데 뭐라 한다. 짜증 난다.' 이렇게 생각하는 것이죠. 자기 관점에서는 개인 생활과 회사 생활을 전체로 보면서 우선순위를 조절해서 살고 있는데, 회사(상사)가 그걸 가지고 뭐라고 하는 것이니까요.

사실 취향이 맞는 사람끼리는 쉽게 친해집니다. 취미, 태도, 가치관이 같으면 말이 쉽게 통하고 자신의 가치관에 대해 쉽게 지지를 받기 때문에 심리적 스트레스가 안 생기기 때문이지요. 자신과 유사한 사람에게 끌리는 현상을 설명하는 심리학 이론이 '유사성-매력 가설similarity-attraction hypothesis'입니다. 심리학자들이 조사를 해보니 대학 기숙사에 들어간 신입생들은 처음에는 방이 가까운 사람들끼리 친해지지만 시간이 흐를수록 태도가 비슷한 사람들끼리 더 친해진다는 것을 알게 되었습니다. 반대로, 취향이 다른 사람에 대해서는 경계하고 배척하게 됩니다. 취향이 다른 상대를 만나게 되면 '나와는 다른 부류'라고 느끼고 본능적으로 경계심이 커지는 것이죠.

이해하기 어려운 취향을 추구하는 90년대생이 주변에 있을 때 무의식적인 불편함을 느낀다면 그것은 매우 정상적인 일입니다. 문제는 그런 불편함을 너무 티 나게 표현하는 것입니다. 반대로 그런 불편함을 과잉 극복하는 것 역시 문제라고 볼 수 있습니다. 즉 마음속으로는 90년대생 후배나 부하의 특이한 취향이나 행동이 눈에 거슬리고 불만스럽다는 느낌이 드는데도 전혀 아무렇지 않은 것처럼 행동하는 경우 또한 바람직하지 않지요. 그럼 어떻게 하면 될까요?

이런 고민을 가지고 많은 사람들의 행동을 관찰하다가 H의 사례를 알게 되었습니다. 6개월 동안 두 개의 프로젝트를 함께 했던 H는 전형적인 80년대생이었습니다. 90년대생 후배 팀원, 70년대생 선배 관리자, 그리고 까다로운 고객을 동시에 상대하며 팀의 중추 역할을 하고 있었죠. 그렇게 어려운 입장임에도 불구하고 H는 항상 업무, 관계 모두를 잘 처리했습니다. 제멋대로이고 고집이 센 90년대생 후배 팀원과도 아주 원만하게 일했습니다. 또래의 다른 중간 관리자들과 비교해도 월등하게 일을 잘했고, 고객들도 H의

친화력과 업무 능력 때문에 같이 일하고 싶어 했습니다. 사실 직속 상사로서 H는 업무 방식이나 지식, 경험 등의 측면에서는 다른 또래들과 큰 차이점이 없는 것 같았습니다. 그런데, 그 친구의 언어 패턴에 아주 독특한 습관이 있다는 것을 알게 되었습니다. "그럴 수 있지." 이 말을 아주 많이 썼던 겁니다.

같은 팀의 Y는 해외 대학 출신의 일 잘하는 90년대생이었습니다. 일 처리가 빠르고 자신감 있고 조금만 설명을 들어도 원하는 것을 바로 이해하고 결과물을 만들어내기 때문에 믿고 일을 할 수 있었습니다. 하지만 Y와 같이 일하면서 불편한 점도 많았습니다. 상당히 자기중심적이고, 고객 마인드가 부족해서 종종 고객과 말다툼을 하는 경우가 있었으며, 너무나도 기본적인 부분에서 실수하는 경우가 종종 있었습니다. 문제점을 지적해도 반성하는 기색 없이 태연하게 "그럼 다시 하면 되죠."라고 말하고는, 오히려 자기를 지적한 사람을 경원시했습니다. 자연스럽게 회사 안에서 Y에게는 꼭 필요한 일만 시킨다는 분위기가 형성되었습니다. 그런데 이런 Y가 제일 같이 일하고 싶어 하는 선배가 바로 H였습니다. 무슨 문제가 있더라도 H는 문제를 지적하기보다 먼저 들어보고, "그럴 수 있지."라고 운을 띄운 다음에 본론을 얘기하는 스타일이었으니까요.

"그럴 수 있지." 이 말은 균형 잡힌 말입니다. 상대가 화가 나 있거나, 기뻐서 들떠 있거나 상관없이 받아줄 수 있는 표현이죠. 90년대생의 취향, 행동, 습관이 거슬리거나 불편할 때, 너무 공격적으로 비판하거나 또는 외면하지 말고 일단 "그럴 수 있지."라고 받은 다음에 대화를 이어나가면 어떨까요?

아직 꼰대는 되고 싶지 않습니다

행복의 기준을 가르치려 들면 안 된다

회사는 일하는 곳입니다. 아무도 회사에 놀러 오지는 않지요. 모든 직장인이 마찬가지입니다. 하지만, 일하는 이유는 사람마다 많이 다릅니다. 남보다 뒤처지기 싫어서, 먹고살려고, 승진하고 싶어서, 직장 동료가 좋아서, 일 빼고 딱히 다른 할 일이 없어서 등등 이유는 가지각색이지만 크게 두 부류로 나눌 수 있습니다. 하나는 '어떤 목적을 위해' 일하는 경우, 다른 한 부류는 '필요 때문에' 일하는 경우입니다. 성공이나 생존과 같은 목표가 너무 우선시될 때 행복은 뒷전으로 밀리게 되지요. 건강, 관계, 성취감 같은 가치보다 높은 고과, 승진, 보너스 같은 것들이 우리를 옥죄는 문화에서 우리는 행복해지기 어렵습니다.

몇 년 전 취업포털 사람인은 직장인 1892명을 대상으로 한 조사에서 '아파도 참고 출근한 경험'이 있는지 물었습니다. 무려 93%

가 그런 경험이 있다고 답했습니다. 이유도 물었는데, 참 서글프게 하는 응답이 이어졌습니다. 1위는 '상사, 동료의 눈치가 보여서'(47.6%, 복수 응답)였고, 뒤이어 '대신할 사람이 없어서'(42.6%), '출근하는 것이 차라리 속 편해서'(37.5%), '다른 동료들에게 피해를 주기 싫어서'(35.7%), '아쉬운 소리를 하기 싫어서'(35.5%), '해야 할 업무가 너무 많아서'(33%), '불성실한 이미지로 보일 것 같아서'(29.5%) 등의 순서였지요.

'일하는 이유'는 90년대생과 기성세대를 구분하는 중요한 기준입니다. 기성세대의 의식을 지배하는 노동관은 '열심히 하면 보답이 온다'였습니다. 1975년, 당시 무명이었던 가수 송대관이 〈해뜰날〉로 일약 스타가 된 데에는 산업화 시대 우리 나라 사람들의 정서가 반영되어 있었습니다. 이미 45년 전에 유행한 이 노래 밑에 깔려 있는 노동관은 기성세대의 무의식 속에 살아 있습니다. 문제는 이런 무의식이 90년대생을 대상으로 표출될 때입니다. "너는 왜 사니?", "일을 그렇게밖에 못 하나?", "그래서 승진하겠어?" 등으로 표현될 때 말입니다.

기업들은 모든 직원들에게 '목적의식'을 갖고 일하기를 바랍니다. 직원 100여 명 규모에 빠르게 성장하는 중견 기업 사장의 얘기를 들은 적이 있습니다. 기업 문화도 좋고 직원들도 행복해하고 사업까지 잘되는 것이 신기해서 주변 사람들이 비결을 많이 묻나 봅니다. 그럴 때마다 사장은 비결이라 할 만한 것이 딱히 없다며 손사래를 치면서도, 본인이 일관되게 하는 일이 하나 있다고 말을 하

아직 꼰대는 되고 싶지 않습니다

더군요. 신규 입사자가 출근을 하면 반드시 식사를 한번 같이 하고, '책상에 일하는 목적을 써서 붙여놓고 일하도록' 권한다는 것이었습니다. 목적의식이 이렇게 중요합니다. 누구나 하는 일이지만, 목적의식 여하에 따라 결과는 매우 달라지니까요.

하지만, 그렇다고 90년대생들에게 열심히 일해서 승진하고 성공하라는 얘기를 하면 잘 통하지 않습니다. 페이스북 친구의 포스팅에서 읽은 얘기인데, 어떤 대기업 상무님이 열심히 일하는 90년대생 신입 직원한테 칭찬을 한다고 "자네, 그렇게 계속 열심히 하면 나만큼 성공할 수 있겠어."라고 했다고 합니다. 그런데, 나중에 그 직원은 그 말 듣고 기분 엄청 나빴다고 자기 동기들에게 말했다고 합니다. 칭찬하신 상무님이 아시면 크게 실망하실 얘기지만, 그것이 세대 간의 인식 차이인 것입니다.

요즘 90년대생들은 '노력과 인내가 성공과 행복을 가져다준다' 같은 공식을 별로 믿지 않습니다. 2018년에 아주 많이 팔린 책 《하마터면 열심히 살 뻔했다》를 읽어보면 알 수 있습니다. 직장 생활 6년 만에 퇴사하고 백수의 길을 선택한 저자는 "노력의 시대는 끝났다", "흙수저들에게는 기회가 오지 않는다", "열심히 살면 지는 거다"와 같이 말합니다. 한 푼이라도 더 벌어보고자 투잡을 뛰었는데도 '내 삶은 왜 이 모양인가' 하는 마음에 대책도 없이 회사를 그만두고 프리랜서가 됐다고 합니다.

모든 90년대생들이 이런 식이라면 큰일이겠지만, 그렇지는 않을 것이라 믿습니다. 다만, 이런 정서가 90년대생들 사이에 어느 정도는 공통적으로 깔려 있다는 건 인정해야 합니다. 안 그러면 이런 책이 젊은 독자들 사이에서 왜 베스트셀러가 되겠습니까?

솔직히 요즘은 기업들도 '무조건 열심히' 하는 사람은 별로 좋아하지 않습니다. '알아서 일을 잘 처리하는 사람'을 원하죠. 언제부턴가 기업들의 인재상에 '문제해결 능력'이 빠지지 않게 된 이유가 거기에 있습니다. 스스로 판단하고 알아서 잘하는 인재를 원한다는 것은 면접에서부터 드러납니다. 10~20년 전만 해도 취업 면접에서 '뽑아만 주시면 무슨 일이든 열심히 하겠습니다'가 모범 답안이었습니다. 좋은 학교 나와서, 성적 웬만하고, 성실하게 시키는 일 고분고분하게 할 것 같으면 뽑아줬죠. 업무는 2~3년 교육과 직무훈련on-the-job training을 통해서 회사가 가르치면 되니 우직하게 10년이고 20년이고 회사에서 뼈를 묻을 사람을 좋아했습니다. 신입급인데 경력이 있으면 오히려 안 좋게 보는 대기업도 많았죠. 최소한 '열심히 하겠다' 같은 말을 했을 때 싫어하는 면접관은 없었습니다. 요즘은 어떤가요? 면접에서 그런 식으로 얘기하면 탈락할 확률을 높일 뿐입니다. '열심히 하겠다'는 '할 줄 아는 것이 없다'와 같다고 생각하니까요.

성공이 뭐냐고 물으신다면

직장 생활에서 성공은 무엇일까요? 과거에는 성공의 기준이 천편일률적이었습니다. 안정적이고 월급 많은 직장에 때 맞춰 승진하면서 오래 다니는 것을 성공이라 생각하는 이들이 많았습니다.

입사 동기보다 빠르지도 뒤처지지도 않게 승진을 하다가 확률이 낮아지는 부장·팀장·임원 승진 타이밍에 두각을 나타내는 것이 베스트였죠. 안정적인 직장만 있으면 대출을 받아 아파트도 사고, 적당한 배우자 만나 자녀도 가지고, 회사에서 제공하는 학자금 지원으로 대학 교육까지 무난하게 시킬 수 있었습니다.

이제는 그런 의미의 '성공'이 가능한 시대가 다시 돌아오지 않는다고 봅니다. 한국 경제는 2015년 이후 2%대 저성장의 뉴노멀 시대에 진입했고, 젊은 직장인들은 앞으로 평균 2~3년에 한 번씩 직장을 옮기게 될 거라고 합니다. 기업들은 승진에 목매는 기업문화에서 탈피하려고 직급체계를 없애거나 단계를 대폭 단축하여 승진 기회를 줄입니다. 한 회사에서 10년 있는 사람보다 서너 번 이직한 사람이 연봉이 30~40% 높은 경우도 많고, 성실하게 한 회사에만 있다가 40대 초반에 명예퇴직을 당하는 사례가 부지기수입니다. 90년대생들에게 과거의 '성공' 도식을 얘기하기 어려운 이유입니다.

뉴스를 보니 2019년 우리나라 취준생이 71만 명인데 그중 40% 정도가 공무원 시험을 준비한다고 하는군요. 정부가 취업률을 끌어올리려고 정책적으로 채용 규모를 늘이는 것이 근본 원인입니다. 채용 규모가 늘어날 때 지원하는 것이 합격 확률을 높이기 때문이죠. 이걸 두고 90년대생의 40%가 공시생이라는 식으로 해석하는 것은 침소봉대針小棒大 아닐까요? 왜냐하면, 공무원 시험을 준비하면서 민간 기업 취업을 준비하는 사람도 많고, 공무원 시험에서 떨어지는 대다수의 사람들은 결국 다시 민간 기업에 취업할 수밖에 없기 때문이죠.

세계적인 온라인 잡포털 링크트인LinkedIn은 2013년부터 500인 이상 기업에서 근무 중인 회원 3200만 명을 대상으로 설문을 했습니다. 설문 분석 결과, 직장인이 어떤 조직에서 일을 시작한 지 1년이 지난 후에도 재직하고 있을 평균 확률은 76%였다고 합니다. 즉, 24%는 1년 안에 이직한다는 뜻입니다. 2년 뒤, 3년 뒤 재직 확률은 각각 59%, 48%로 떨어졌습니다. 이런 수치는 요즘 우리나라 직장 현실에 대입해도 다르지 않습니다. 노동부가 2013년 발표한 통계에 따르면 1년 미만 근속자가 35.5%(OECD 평균 16.5%), 10년 이상 근속자가 18.1%(OECD 평균 36.4%)였으니까요. 한국이 노동 유연성이 떨어지고 해고가 법적으로 어렵다고 하지만, 노동시장이 안정적이지도 않습니다.

결국 직장인들은 스스로 자신을 지키기 위해 고민을 할 수밖에 없는 거죠. 그렇다면 직원이 한 회사에 오랫동안 남아 있게 하는 건 뭘까요? 동일한 조사에서, 같은 조직 안에서라도 업무 변화가 있는 직원들은 한 가지 일만 계속 해온 사람들보다 더 오래 근속한다는 사실이 확인됐습니다. 승진한 직원들, 승진하지 않았지만 새로운 업무를 맡게 된 직원들, 한결같이 똑같은 일을 하는 직원들이 1년 뒤 소속 조직에 남아 있을 확률은 각각 90%, 85%, 75%였고, 5년 뒤에는 그 확률이 52%, 50%, 36%였습니다. 결론은 명확합니다. 직원을 떠나보내기 싫으면 회사는 그들의 커리어가 정체되지 않도록 해야 합니다. 이제 막 커리어를 시작한 90년대생들은 앞으로도 남은 시간이 많기 때문에 종착역이 가까운 기성세대들보다 커리어 정체에 대한 두려움이 클 수밖에 없습니다.

1992년 초정밀 가공 기술로 '대한민국 품질 명장' 반열에 오른 김규환이라는 분이 있습니다. 지금은 여러 회사로 분할된 대우중공업에 오랫동안 근무하며 700여 가지의 제품과 신기술을 개발하고, 2만 4612건의 제안을 했으며, 62건의 국제발명특허 출원 외에도 장영실상을 다섯 번, 대통령 표창을 네 번 수상했을 정도로 그야말로 일에 미친 인생을 사셨던 분이었죠. 90년대 후반에서 2000년대 초반 사이 대한민국의 무수한 기업들이 이 분을 초청하여 직원들에게 동기부여 교육을 했습니다. 이분은 1956년 강원도 평창의 가난한 화전민 집안에서 태어나 굶기를 밥 먹듯 하며 자랐고, 어머니 약값을 벌기 위해 15세에 소년 가장이 되었다고 합니다. 초등학교도 못 나왔지만 대우중공업에 무작정 찾아가 잔심부름부터 시작해 매일 새벽 다섯 시에 출근하고 일터에서 야전 침상을 깔아놓고 일하는 노력 끝에 엄청난 성공을 했던 거죠.

산업 시대에는 이렇게 극한의 경험과 불운한 개인사를 극복하고 성공한 사례가 많습니다. 하지만, 아마 지금 90년대생은 이분을 아는 사람이 거의 없을 겁니다. 이런 인생사를 얘기해주었을 때 반응은 세대에 따라 다음과 같지 않을까요? (개인차를 무시하고 정말 거칠게 일반화했을 때 예상할 수 있는 결과입니다.)

베이비부머	"이런 훌륭한 분 때문에 대한민국이 이만큼 먹고 살게 된 거지. 우리 직원들도 조금이라도 본받아야 될 텐데……."
X세대	"대단한 사람이군. 역시 노력은 배신하지 않아. 하지만, 요즘 그렇게 까지 하기는 어렵지. 지금 때가 어느 땐데……."
MZ세대	"그런 사람이 있었다고? 그게 나랑 무슨 상관이지? 난 그렇게 살 생각 없는데. 그때 안 태어나길 정말 다행이군……."

90년대생들은 왜 이런 얘기로 동기부여되지 않을까요? 죽어라 열심히 해서 남들보다 빨리 승진하려고 하지 않는 이유는 뭘까요? 왜 수당을 더 준다고 해도 야근을 마다하고 퇴근 후 취미 생활을 더 중시하는 걸까요? 이유는 간단합니다. 절실하지 않기 때문입니다. '목 마른 사람이 우물을 판다'라는 말이 있죠. 절실하면 아무리 힘든 일도 마다하지 않게 됩니다. 하지만, 정수기에 컵만 갖다 대면 물이 나오는데 왜 힘들게 우물을 파겠습니까? 절실함은 결핍에서 나옵니다. 그런데, 90년대생은 대한민국이 결핍을 어느 정도 넘어선 이후에 태어난 사람들입니다. 90년대생에게 공감하기 위해서는 이들이 기성세대와는 다른 가치를 희망한다는 것을 이해할 필요가 있습니다.

아직 꼰대는 되고 싶지 않습니다

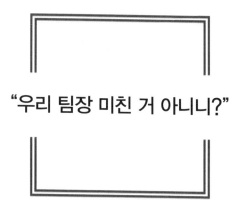

"우리 팀장 미친 거 아니니?"

2020년 4월, 코로나19로 사회가 어수선한 가운데 '꼰대 테스트 검사'라는 것이 나왔습니다. 대학내일20대연구소의 자문을 통해 만들어진 것이라는데, 43개의 온라인 설문 문항에 답을 하면 자신의 '꼰대 레벨' 및 '꼰대 유형'을 바로 알려줍니다. 소셜 미디어를 타고 빠르게 전파되어 며칠 만에 100만 명 이상이 테스트를 했다고 하네요. 테스트한 사람 중 가장 많은 유형은 '조용한 암살자', '속 보이는 전자두뇌', '망원동 나르시시스트' 순서라고 하는데, 약간 알쏭달쏭한 느낌입니다.

영국의 BBC는 2019년 9월 23일 방송에서 'kkondae'를 '오늘의 단어'로 소개했습니다. 한국과 멀리 떨어져 있는 유럽 나라의 공영 방송사가 한국어 단어를 소개했다는 사실이 한편으로는 신기하면서 다른 한편으로는 우리 일상에서 이 말이 얼마나 많이 쓰이길래 이렇게 물 건너 가서까지 소개가 되나 하는 생각도 들었습니다. 그래서, 꼰대 행동에 관한 다양한 조사와 언론 보도 내용들을 종합하여 분석해보니 크게 두 가지 키워드가 떠오릅니다.

하나는 '우월 의식'입니다. '지시', '반말', '충고', '비교' 등 대표적인 '꼰대짓'으로 불리는 행동의 이면을 분석해보면 공통적으로 특정 상황에서 '우월 의식'이 표출된다는 것을 알 수 있습니다. 다시 말해, 꼰대를 배척하거나 조롱하는 현상은 우월 의식을 핵심으로 하는 '서열 문화'에 대해 젊은 사람들의 반감이 표출된 것이라고 할 수 있습니다. 이런 의미에서 수평 조직을 지향하는 변화는 결국 꼰대 행동을 줄여 나가는 것과 궤를 같이합니다. 우월 의식이 반영된 관리자의 행동은 다음과 같이 나타날 수 있습니다.

지시	지위나 직책에 기반한 우월 의식의 발로	"팀장이 시키면 시키는 대로 할 것이지 말이 많아."
반말	상대의 동의도 없이 나이가 조금 많다는 이유로 말 놓기	"내가 너보다 두 살 많은데, 말 놔도 되지? 언니라고 불러."
충고	연륜과 경험에 기반한 우월감을 나타내는 행동	"너는 어려서 아직 모르겠지만……."
비교	자신의 과거 경험에 기반해서 상대가 불쾌해질 수 있는 방식으로 비교	"요즘 것들은 패기가 없어. 나 때는 쇠도 씹어 먹었는데."
고집	자기 판단에 대한 확신에 기반한 우월감 표현	"재무팀장이 아니라면 아닌 거지. 뭘 안다고 까불어."

아직 꼰대는 되고 싶지 않습니다

다른 하나는 '자기 인식' 부족입니다. 조사 전문 기업 엠브레인에서는 2018년에 '꼰대 관련 인식 조사'를 실시했습니다. 중복 답변을 허용한 이 조사에서 응답자들은 '꼰대'의 이미지를 '고집 세고'(68.2%), '말이 안 통하고'(65.5%), '권위주의적인'(63.4%) 사람 등으로 묘사했습니다. 그리고 꼰대 인증을 받는 가장 대표적인 언행으로, '요즘 젊은 것들은'(36.9%), '나 때는 말이야'(35.5%)를 각각 1위와 2위로 꼽았습니다. 우선 '요즘 젊은 것들은'이란 표현은 '타인 인식'이라고 볼 수 있습니다. 기성세대가 젊은 사람들을 바라보는 관점이 문제가 되는 거죠. 그렇다면, '나 때는 말이야'라는 표현은 '자기 인식'이 문제가 되는 경우이겠죠. 자기 자신과 타인을 어떻게 바라보는지에 따라서, 사람들의 꼰대 행동이 결정된다는 얘기입니다. 기성세대가 타인을 평가하는 기준은 결국 '자기'이기 때문에 결국 꼰대 문제는 자기 인식의 문제로 환원됩니다. 요약하면, 꼰대는 '주제 파악을 못하는 사람'입니다.

꼰대가 이슈가 되는 현상은 간단히 웃고 넘길 일이 아닙니다. 90년대생과 공감을 높이는 일은 꼰대 문제를 이해하는 것과 거의 같은 일이기 때문입니다. 그리고 문제 해결의 핵심은 기성세대들이 자기 인식을 회복하는 것입니다. 꼰대 행동은 매우 한국적인 현상이지만, 자기 인식은 세계 공통의 이슈입니다. 세계에서 리더십을 연구하는 학자들이 최근에 가장 많이 탐구하는 주제 중 하나가 리더들의 자기 인식이기 때문입니다.

꼰대는 자기가 꼰대인 줄 모른다

연구를 통해 확인된 바에 따르면, 지적으로 겸손한 사람은 비교적 정확한 자기 인식을 갖고 있다고 합니다. 자신이 부족하고 무지할 수 있음을 인정할 때 새로운 지식과 관점을 받아들일 수 있기 때문이죠. 하지만, 조직 안에서 연차와 경험이 쌓임에 따라 '자신감 과잉증'이나 '겸손함 결핍증'이 나타나는 사람이 훨씬 많습니다. 2018년 《하버드비즈니스리뷰》에 게재된 글에 따르면, 10회에 걸쳐 약 5000명을 대상으로 실험한 결과 실제 자기 인식 수준이 높은 사람은 전체 대상자의 10~15%에 그쳤으나 스스로는 대부분 자기 인식 수준이 높다고 생각했다고 합니다.[1] 저도 관리자 교육에서 종종 실험을 해보면 비슷한 결과가 나옵니다. 예를 들어, 교육생들에게 '의사결정', '사교성', '솔직함' 등의 항목에 대해 100점 만점 기준으로 자기 평가를 하도록 한 후, 평균을 내어 화이트보드에 개인별로 점을 찍도록 합니다. 만약 평가 결과가 표준 정규 분포를 따른다면 전체의 3분의 2 정도는 70점 아래에 있어야 하는데, 실제로는 자기를 70점 아래로 평가하는 사람은 거의 드뭅니다. 실제 업무 평가에 반영되는 것도 아닌데 말이죠.

더 큰 문제는, 자기 능력을 실제보다 높게 생각하는 사람들이 리더로 있는 조직일수록 그 부서의 성과도 좋지 않다는 연구 결과가 많다는 것입니다. 미국 해군에서 장교들을 대상으로 한 연구도 그

---

1. Tasha Eurich, What Self-Awareness Really Is (and How to Cultivate It), Harvard Business Review, January 2018.

예입니다. 155명의 지휘관들을 대상으로 한 리더십 다면 평가에서
지휘관들은 동일한 질문들로 구성된 설문에 자기 자신이 먼저 답
하고('자기 평가'), 그 점수를 '주변 평가' 점수(상사, 동료, 부하들이 평가
한 점수의 평균)와 비교했습니다. 두 점수를 빼서 얻은 점수('차이 값')
와 해당 지휘관이 이끄는 부대의 조직 평가 점수를 비교했더니 뚜
렷한 음의 상관관계가 나타났습니다.[2] 리더의 낮은 자기 인식 수준
이 낮은 조직 성과로 이어지는 인과 관계를 도식화하면 아래 그림
과 같습니다.

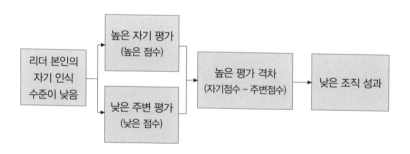

한국 사회의 특성이 녹아 있는 '꼰대짓'은 주로 부정적으로 인식
되지만, 우리 사회에서 이 용어가 많이 쓰인다는 것은 긍정적으로
해석할 면도 없지 않습니다.[3] 꼰대 행동이 없어지기를 바라는 사람
이 많다는 의미이기 때문이지요. 꼰대라는 말 자체는 수십 년 전부

2. Bernard M. Bass, Francis J. Yammarino (1991), Congruence of Self and Others'
   Leadership Ratings of Naval Officers for Understanding Successful Performance.
   Applied Psychology, 40: 437–454.

터 있었고, 꼰대 행동도 과거에 훨씬 더 심했습니다. 하지만, 꼰대 행동이 '당연한' 행동이었을 때는, 바뀔 것이라는 생각도 없었습니다. 요즘 꼰대를 비판하고 지적하는 일이 많아진다는 것은 그만큼 변화에 대한 기대가 있다는 것 아닐까요?

90년대생에 대한 책, 칼럼, 강연 등이 넘쳐나고 매체에서도 많이 다루다 보니 조직의 관리자들도 자연히 젊은 직원들을 이해하려는 노력을 기울이고 있습니다. 이들은 최신 유행어도 찾아서 공부하고, 젊은 직원들과 직접 소통하는 시간도 늘이고, 관련된 책도 사서 읽고, 심지어 강연이나 포럼도 찾아서 전문가 얘기도 들어봅니다. 이런 노력은 당연히 좋은 것이고 필요한 것이죠.

하지만, 문제는 너무 지엽적이고 표면적인 것에 집착하여 무리한 행동을 하는 경우입니다. 예를 들어, 회식 끝나고 2차로 노래방에 가기만 하면 요즘 젊은 직원들이 좋아하는 힙합이며, 걸그룹 히트곡을 댄스와 곁들여서 몇 곡이고 부르는데 그걸 꼭 녹화해서 단체방에다 업로드를 하게 한다는 팀장 얘기를 들었습니다. 처음에는 직원들이 "와우, 라임 쩔어~", "팀장님 댄스 너무 좋아요", "또 같이 놀러 가요" 같은 댓글을 달더니, 나중에는 "우리 팀장 미친 거 아니니?"라며 이른바 '뒷담화'의 대상으로 삼았다고 합니다.

물론 그 분 의도는 좋았겠죠. 20대 후반~30대 초반 젊은 직원들

---

3. 다른 나라에도 꼰대 행동을 보여주는 표현들이 있습니다. 영어에서는 최근 "OK, boomer!"라는 표현이 많이 쓰입니다. 베이비부머들이 꼰대스러운 조언이나 의견을 고집할 때 2030 젊은이들이 '듣기 싫으니 그만하라'는 뉘앙스로 하는 말입니다. 중국어 사자성어 중에는 '倚老賣老'라는 표현이 있는데, '나이와 경험이 많다는 이유로 젊은 사람들을 무시한다'라는 뜻입니다.

아직 꼰대는 되고 싶지 않습니다

과 가까워지고 싶고, '나이는 들었지만 감각은 젊다'고 인정받고 싶은 것 아니었을까요? 하지만, 의도가 아무리 좋아도 적당해야 합니다. 과유불급이니까요. "미쳤다", "말도 안 돼", "어쩌니……" 같은 반응이 나올 정도가 되면 안 되는 겁니다. 결국 이런 것도 자기 인식의 문제로 귀결됩니다. 자기 인식은 결국 '타인이 나를 어떻게 바라보는지'를 직관적으로 아는 것입니다. 그것을 잘 아는 사람일수록 업무 관계도 매끄럽고 자기 역할을 잘하고 성공적인 리더 역할을 할 수 있는 것입니다.

잘못된 것은 잘못된 것

90년대생의 대표적인 특징은 '참지 않는 것'이라고 합니다. 인내심이 부족하다는 의미가 아니라, 옳지 않은 것을 참지 않는다는 말입니다. 옳지 않다는 것을 알면서도 현실적인 이유로 받아들이고 굴종屈從하는 삶을 거부하는 세대라는 것이지요. 낡고 불합리한 관행이나 질서를 받아들이고 감수하기보다는 적극적으로 목소리를 내고 바꾸려고 한다는 뜻입니다.

청년들은 예전에도 그랬습니다. 개인적 희생을 감수하면서도 민주화를 외치고 독재 정권에 맞섰던 것을 생각하면 오히려 청년들은 지금보다 예전에 더 가열차게 변화를 요구했던 것이 사실이지요. 하지만, 과거의 청년들은 절대 다수가 학교를 졸업하고 직장에 들어가는 순간 제도권에 완전하게 편입되었습니다. 바로 그 지점이 지금 90년대생과 다른 것입니다.

아직 꼰대는 되고 싶지 않습니다

여러 사람이 뭉쳐서 거대한 부조리에 맞서 싸우는 것도 어려운 일이지만, 하나의 개인으로서 현실 속의 불의와 부당함에 맞서는 것도 큰 용기를 필요로 하는 것입니다. 요즘 청년들은 시키는 대로 하고, 하지 말라는 것은 외면하는 전형적인 '조직 인간'이 되기보다는 부당하다고 생각하는 것은 비판하고 제보하고 시정을 요구합니다.

이렇게 할 수 있는 것은 중·고등학교 학창 시절 경험의 영향도 크다고 생각이 됩니다. 과거에는 '군사부일체君師父一體'라는 시대착오적 개념도 있었고 체벌을 하지 않으면 교육이 제대로 되지 않는다고 믿어서 학생들을 정말 많이 벌주고 때렸습니다. 개봉 80일 만에 관객 800만 명을 동원했던 영화 〈친구〉에는 담임 선생님(김광규 분)이 공부 못하는 학생들을 불러내 "늬 아버지 뭐하시노?" 하면서 따귀를 때리고 주먹질, 발길질을 하는 장면이 있었습니다. 이런 모습을 90년대생은 아마 상상할 수 없을 것입니다. '학생 인권' 개념이 도입되고 누구나 핸드폰을 가지는 시대가 되자 학생을 때리거나 욕하면 영상을 찍어서 경찰에 신고해버리면 되었기 때문이죠. 잘못된 행동에 대해서는 비록 선생님이라도 신고해서 벌을 받도록 할 수 있다는 것이 상식이 되었습니다.

그리고 인터넷, 모바일, 소셜미디어 덕분에 정보의 비대칭성이 없어진 것도 큰 영향을 미쳤습니다. 예전에는 회사 안에서 비윤리적이거나 잘못된 일을 알게 되더라도 조용히 묻어버리는 경우가 많았죠. 대외적으로 제보를 해도 기업의 광고로 먹고사는 언론사는 웬만한 내용은 실어주지도 않았습니다. 성희롱, 회계 부정, 뇌물 수수, 불법 영업 등 숱한 비위들이 일어나고 없어지지 않는 것이 그래서였죠. 하지만, 그런 시대는 갔습니다. 과거보다 훨씬 높은 매체 접근성을 갖게 된 90년대생들은 사회 속에서 자기 권리에 대해 정확히 알고, 다양한 정보 채널을 활용하여 조직의 잘못이나 문제점을 지적할 수 있게 되었습니다.

그러다 보니 과거에는 '이 정도는 괜찮겠지' 생각했던 조직 안의 관행과 병폐들이 모두 문제가 되고 있습니다. '상명하복' 식의 조직 문화, 강압적인 업무 지시, 공정하지 못한 평가, 실무자들의 성과를 가로채는 관리자, 직원에 대한 성희롱, 소비자를 속여서 이익을 편취하는 것 등에 대해 젊은 직원들이 정면으로 비판을 합니다. 만약 그렇게 해도 바뀌지 않을 것 같으면 아예 조직을 떠나기로 결정하기도 합니다.

"떳떳하지 않은 회사에 다닐 바에야 퇴사하겠습니다!"

한 대기업 관계사에서 몇 년 전에 있었던 일입니다. 그룹 핵심 인재였던 A팀장은 관계사로 옮겨 1년 만에 임원에 보임됩니다. 처음에 경영진은 업무 능력이 탁월하고 네트워크도 좋았던 그를 영입하기를 잘했다고 평가하며 좋아했지요. 하지만, 얼마 지나지 않아 이 사람이 성희롱 문제가 있는 사람이라는 것을 직원들이 알게 되었습니다. 그 부서 젊은 직원들 몇 명이 여직원들을 대상으로 증거를 모으고 이를 일목요연한 문서로 작성해 회사 감사실에 익명으로 제출했습니다. 증거가 워낙 풍부하고 구체적이어서 회사 입장에서도 유야무야 넘어갈 수 없는 상황이 되었고, 전격 해임이 이루어졌습니다. 해당 부서 중간 관리자들은 인사 발령이 나고 나서야 이런 사실을 알게 되었죠. 나중에 알고 보니, 그 제보를 했던 직원들은 모두 사원, 대리급 직원들이었다고 합니다.

본인이 직접 관련되지 않은 일인데도 기업의 투명성 부족에 실망해 퇴사하는 경우도 봤습니다. 국내 고등학교를 마치고 미국 동부 명문 대학을 졸업한 P는 한국에 돌아와 대기업 그룹 비서실에 입사했습니다. 그런데, 이 친구가 회사 생활 시작한 지 일 년이 되지 않아 회사에 법적인 문제가 있어서 정부 조사단이 들이닥쳤습니다. 첩보를 입수한 회사측은 관리자들을 총동원하여 문제가 될 만한 서류, 컴퓨터, 저장매체, 수첩 등을 밤새 수거했습니다. 밤 늦은 시간 트럭에 실은 서류와 물품들은 은밀히 제3의 장소로 옮겨졌고, 다음 날 아침 들이닥친 조사원들은 별 소득을 올리지 못하고 돌아갔지요. 얼마 후 P는 퇴사했습니다. 그 좋은 직장을 왜 그만두냐고 물었더니 P는 답했습니다. "이렇게 정직하지 못한 회사를 다닐 이유가 없습니다." P는 얼마 지나지 않아 유수 외국계 직장에 어렵지 않게 취직을 했습니다.

사람들은 원래 자신의 가치관과 대립되는 일을 해야 하거나 도덕적으로 문제가 있는 조직에 속해 있을 때 지저분하다거나 떳떳하지 못하다고 느낍니다. 직장인 279명을 대상으로 한 2018년 연구에서는 조직 내 도덕적 결함을 인지하는 정도와 그로 인한 직원의 태도 및 행동 변화를 분석했더니, 조직 내의 도덕적 결함은 직원들의 업무에 대한 탈동일시occupational disidentification 효과를 가져온다는 것이 확인되었습니다. 가치관에 위배되는 업무를 수행해야만 할 때 또는 비윤리적인 조직 분위기 안에서 일을 하는 것만으로도 사람들은 인지 부조화cognitive disonance를 느끼게 되는데 그로 인한 정신적 스트레스를 해소하기 위한 방법으로 탈동일시를 한다는 것이 연구자들의 설명입니다. '나는 이 조직과 관계 없다'라고 자기 암시를 하거나, 업무 거부 또는 이직으로까지 이어진다는 것이지요.[4]

그런데 생각해보면 이런 탈동일시 행동은 90년대생 젊은 직원들에게 더욱 크게 나타날 수밖에 없습니다. 기성세대 직장인의 경우는 이미 개인의 가치관과 조직의 가치관이 오랜 세월에 걸쳐 비슷해졌고, 거기에는 외부의 시각으로 보기에 부정적이고 비윤리적인 면도 다소 포함되어 있을 수 있습니다. '뭐 그 정도를 가지고', '옛날에는 이보다 훨씬 더 했어', '좋은 게 좋은 거야' 식의 생각을 하는 경우도 많습니다. 하지만, 아직 조직의 일원이 된 지 얼마 되지 않았고 사회적 형평성, 공정성에 대해 매우 민감하게 생각하는 90년대생들은 다릅니다. 따라서, 조직의 관행과 상사들의 행동에 문제제기를 하는 90년대생을 바라볼 때 행동 자체에 의미를 두기보

4. John M. Schaubroeck, Long W. Lam, Jennifer Y. M. Lai, Anna C. Lennard, Ann C. Peng & Ka Wai Chan, Changing Experiences of Work Dirtiness, Occupational Disidentification, and Employee Withdrawal, Journal of Applied Psychology published online, November 2018.

다는 행동 이면의 동기를 이해할 필요가 있습니다. 당돌하다거나 버릇없다고 생각하기보다는 내부 관행이 생긴 이유와 합리성에 대해 설득할 수 있는지 스스로에게 물어보는 것이 좋습니다.

조직 안의 다양한 잘못과 문제들 때문에 90년대생이 회사를 떠났을 때 '다시 충원하면 될 일'이라고 쉽게 생각하면 안 됩니다. 그렇게 퇴사하는 젊은 직원들은 그냥 입을 다물고 조용히 회사를 나가지 않는 경우가 많기 때문입니다. 회사의 경영진이나 기업문화, 중간 관리자 등에 대한 불만을 품은 직원들은 공개적인 문제 제기는 하지 않더라도 최소한 '잡플래닛'이나 '블라인드' 같은 플랫폼에 자기가 보고 들은 내용을 다 쓰고 나갑니다. 이런 플랫폼은 회사의 영향력이 닿지 않는 공간인 데다 누구나 마음 먹으면 볼 수 있기 때문에 회사의 대외 이미지에 직격타가 됩니다. '블랙 기업'이라는 부정적 인식이 한번 형성되면 웬만한 노력으로는 바꾸기가 어렵습니다.

요즘 기업의 성공은 우수 인재 확보에 달렸다고 합니다. 우수 인재들이 다니고 싶어 하는 회사가 되는 것을 한마디로 '고용 브랜드'를 높이는 것이라고 할 수 있습니다. 고용 브랜드의 긍정적인 측면을 부각하는 것은 아주 어렵고 시간도 많이 걸리는 일입니다. 하지만, 고용 브랜드를 깎아 먹는 것은 순식간입니다. 회사와 관련된 안 좋은 뉴스나 소문이 대외적으로까지 퍼진 회사들은 사람 뽑기가 아주 힘들어집니다. 최근에는 후보자들이 회사에 지원하거나 면접을 하기 전에 거의 예외 없이 해당 기업에 대한 정보를 검색해

보고 잡플래닛 리뷰를 읽어보기 때문입니다.

그러니까 90년대생 직원이 다음에 회사나 경영진에 대해 뭔가 불만을 얘기하면 고맙게 생각하고 잘 들어보시길 바랍니다. 그것이 회사에게는 마지막 기회일 수도 있으니까요.

아직 꼰대는 되고 싶지 않습니다

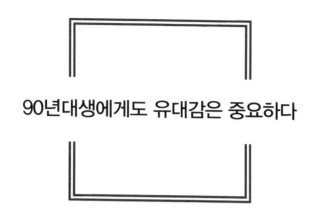

90년대생에게도 유대감은 중요하다

'자기주장이 강하고, 자신감이 넘치고, 혼자서도 씩씩하게 잘 지낸다.'

기성세대의 눈에 비친 90년대생의 전형적인 모습입니다. 20대 청년의 당당하고 쿨한 모습을 보고 기성세대들이 그렇게 느끼는 것은 무리가 아니죠. 요즘 트렌드를 보면 90년대생들은 혼술, 혼밥은 기본이고 여행도 혼자 다니는 이가 많다고 하니 말입니다. 그러니 '외로움'이라는 단어는 젊은 사람과는 어울리지 않는 단어라고 생각하기 쉽습니다. 그런데, 정말 그럴까요?

영국 공영방송 BBC는 전 세계 약 5만 5000명을 대상으로 외로움에 대한 온라인 설문을 했는데, '16~24세 응답자'의 40%가 '자주 외로움을 느낀다'라고 답하여 전체 연령층에서 가장 외로움을 많이 느끼는 그룹으로 나타났습니다. 반면, 가장 외로움을 많이 느낄 것으로 예상되었던 '75세 이상 응답자'들은 오직 27%만이 '자주 외로움을 느낀다'라고 답했습니다.

비슷한 국내 조사를 볼까요? 2019년 시장 조사 전문 기업 엠브레인이 만 19~59세 성인남녀 1000명을 대상으로 '외로움과 관련한 인식 조사'를 실시한 결과, 전체 응답자 중 '평소 일상 생활에서 외로움을 느낀다'고 답한 비율이 59.5%였는데, 20대와 30대에서는 각각 67.2%, 64.0%로 더 높게 나왔습니다. 사실, 이런 결과는 놀라운 일이 아닙니다. 일상 생활을 자세히 관찰해보면 젊은 사람들도 외로움을 느끼고 있다는 것을 알 수 있는 사례는 얼마든지 많으니까요.

우선 반려 동물을 키우는 젊은 사람이 많아졌습니다. 20대의 3분의 1 정도가 반려 동물을 키운다고 합니다. '애완 동물'이라는 표현을 쓰지 않고 '반려 동물'이라고 하는 것도 큰 변화입니다. '소유물'에서 '동반자' 개념으로 바뀐 것이니까요. 사람과의 관계만으로 채울 수 없는 따뜻함, 애착의 감정을 반려 동물을 통해 채우려는 사람이 많아지고 있습니다.

직장 밖에서 사교, 취미, 자기계발 목적의 다양한 모임에 참여하는 것도 많이 관찰됩니다. 대표적인 유료 독서모임 트레바리의 경우에도 회원들의 주된 연령대가 20대 후반에서 30대 중반 사이라고 합니다. 트레바리는 4개월 한 시즌에 19만 원(클럽장이 없는 모임) 또는 29만 원(클럽장이 있는 모임)의 회비를 내고, 정해진 책을 사서 미리 읽고 독후감 400자 이상을 써서 제출해야 모임에 참여할 수 있다고 합니다. 실용적인 관점으로만 보면 전혀 메리트가 없어 보이는데도 2015년 서비스를 시작한 이후 5년 동안 7000번 이상의 모임이 이뤄졌다는 것이 놀라울 뿐입니다. 결국 이런 모임도 단순히 들인 시간에 대비하여 얼마나 많은 지식을 얻느냐가 중요한 것이 아니라, 그런 모임을 통해 얻는 친밀한 관계와 네트워크의 가치를 높게 사는 것으로 보입니다.

이런 행동은 결국 가족, 친구, 동료와 같은 전통적인 대인 관계를 통해 충분히 채워지지 못하는 존재의 외로움을 채우려고 무의식적으로 노력하는 것이 아닐까요? 대면 접촉이 없을 때 외로움을 느끼는 것은 호모 사피엔스 종의 공통된 본능입니다. 지속적인 외로움은 면역력을 떨어뜨리고 신체 건강을 해친다는 연구도 있습니다. 지난 2018년 세계적인 의학 저널 《랜싯Lancet》에 게재된 논문에 따르면, 외로움은 조기 사망premature mortality 확률을 26% 증가시킨다고 합니다.[5] 전문가들은 사람이 신체적 건강에 문제가 생기면 통증을 느끼는 것과 마찬가지로 사회적 관계의 문제로 '외로움'을 느낄 때 비슷한 고통을 느낀다고 합니다.

90년대생 상당수가 해당하는 20대 시기는 미성년자 신분을 벗어나고 자신의 정체성을 규정해오던 학교라는 익숙한 울타리를 떠나 '직장'이라는 새로운 환경에 적응하기 위해 고군분투하는 시기입니다. 우리 경제가 2%대 저성장이라는 '뉴 노멀' 시대에 접어든 후 20

---

5. John T. Cacioppo and Stephanie Cacioppo, The growing problem of loneliness, The Lancet, Volume 391, Issue 10119, 426.

대들은 취업 실패의 고배를 마시는 일이 많아졌습니다. 어렵게 직장 생활을 시작하면 자주 만나던 친구와의 관계도 소원해지고 모든 것이 익숙하지 않은 조직 안에서 새로운 사람들을 만나 적응해야 합니다. 그러니 90년대생 직장인들도 마음속으로는 이렇게 생각할 만합니다. '나도 가끔은 외롭다고요!'

외로우면 더 빨리 피로해진다?

20년 이상 '외로움'이라는 주제를 연구해온 미국의 사회심리학자 존 카치오포John Cacioppo는 외로움이 '비만보다 더 위험하고 흡연만큼 치명적'이라고 지적합니다. 외로움은 자긍심을 떨어뜨리고, 감정 통제를 어렵게 만들 뿐 아니라 면역 체계를 약화시키고, 스트레스 호르몬 수치도 높인다고 합니다. 카치오포 박사는 외로움을 '눈맞춤eye contact이 멈춘 상태'라고 정의했는데요, 외로움을 벗어나려면 눈맞춤을 해줄 사람이 있어야 한다는 의미입니다. 그런데 외로움이 깊은 사람들은 정작 다른 사람으로부터 도움을 받으려 하지 않는 경향이 있다고 합니다.

자아에 대해 깊이 있게 연구한 어빙 고프먼Erving Goffman은 인간에게는 '사적인 자아private self'와 '공적인 자아public self'가 따로 있다고 했습니다. 공적인 자아는 타인의 기대를 의식해 말투, 행동, 표정 등에 주의를 기울일 때의 모습이고, 사적인 자아는 있는 그대로의 자기 성향이 드러난 모습으로, 욕설이나 장난, 음담패설, 별난 행동도 편하게 드러내는 것입니다. 타인을 의식하는 인간의 사회적 속성 때문에 자아가 이렇게 분리되는 것은 정상입니다. 특히 다른 사람의 기대에 맞춰서 행동하는 것이 중요하게 간주되는 동양 문화권에서는 더욱 그렇죠.

하지만, 공적인 자아와 사적인 자아 사이의 간극이 너무 크면 정신적 스트레스를 유발합니다. 자신의 진짜 정체성을 감추고 '만들어진' 이미지에 얽매여 살아가는 사람들이 특히 많이 경험하죠. 배우 심은하는 "(톱스타의 삶은) 화려하지만 헛헛하고, 다 가졌으나 한없이 부족한 삶"이라고 했습니다. '빅뱅'의 탑(최승현) 역시 공허함을 떨치기 위해 한때 수입의 95%를 미술 작품 구입에 썼고 마약도 사용했다고 합니다.

두 가지 자아 사이의 간극을 건전하게 메우는 방법이 믿을 수 있는 친구를 갖는 것입니다. 있는 그대로의 내 모습을 받아들여주고 'OK'라고 해주는 친구, 아무것도 감출 필요가 없는 친구의 존재가 소중하기는 90년대생도 마찬가지입니다. 조직 안에 이런 친구가 없으면 겉돌 수밖에 없습니다. 특히 요즘은 '입사 동기'가 점점 없어져가는 시대이기도 합니다.

그뿐만이 아닙니다. 최근 연구에 따르면 사람이 외롭다고 느끼는 것과 업무상 피로를 느끼는 것 사이에 중요한 상관관계가 있다고 합니다. 외로움을 느끼는 환경에서는 더 빨리 업무 피로를 느낀다는 것이지요. 사람들이 동료애 때문에 입사를 하는 것은 아니지만, 일단 입사한 직장에서 업무에 몰입을 하기 위해서는 그 조직안에 '동질감' 내지 '유대감'을 느끼게 해주는 사람들이 있어야 합니다.

세계적인 조사기관 갤럽의 연구에 따르면 어떤 직장인이 조만간 퇴사할지 여부를 예측하는 가장 강력한 예측 지표가 '회사 안에 마음을 터놓고 얘기할 동료가 없다고 생각하는 것'이라고 합니다. 직원의 외로움을 방치하는 회사는 그 직원을 결국 잃게 됩니다. 그리고 조직에 아직 충분히 적응을 하지 못한 신규 입사자들이야말로 그 조직 안에서 외로움을 많이 느낄 가능성이 가장 높은 사람들입니다. 따라서, 90년대생 직원을 잃지 않고 싶다면 조직 안에서 그들을 너무 외롭게 내버려두지 않는 것이 좋습니다.

이런 얘기를 하면 기성세대들이 지적하는 것이 있습니다. 바로 회식이죠. 선배들이 친목을 도모하기 위해서 회식 자리에 불러도 후배들은 미꾸라지처럼 이 핑계, 저 핑계 대면서 참석을 안 한다고 합니다. 젊은 친구들이 하도 회식을 싫어하니 회사 차원에서도 회식 문화를 바꾸는 캠페인을 하는 경우도 많았죠. 그 덕분인지 실제로 우리 사회에서 회식은 많이 줄어들었습니다. 취업포털 사람인이 2019년 10월 직장인 1800명 이상을 대상으로 조사했을 때 응답자의 약 65%가 '(우리 회사는) 개인이 원하면 회식을 참석하지 않아도 되는 분위기'라고 답했으니까요. 주 52시간 근무제 적용 이후 대기업의 퇴근 시간이 빨라진 것도 회식이 줄어드는 데 이유가 되었겠지요. 특히 코로나로 인해 '사회적 거리두기'가 한창일 때는 회식이 거의 없어지다시피 할 정도였습니다.

하지만, 회식과 친밀감을 연결 짓는 기성세대의 사고 방식에 암묵적 가정이 있다는 것을 간과하면 안 됩니다. '회식을 해야만 친밀감을 쌓을 수 있다'는 생각이 바로 그 가정이지요. 90년대생은 동료 간의 친밀감은 중요하게 생각하면서도 그것이 너무 사적인 영역까지 확대되는 것은 부담을 느끼는 경우가 있습니다. 회식을 하다 보면, "애인 있냐?"라거나 "결혼은 언제 할 거냐?" 같은 질문도 오고 가는데, 70년대생은 당연히 물어볼 수 있다고 생각하는 이런 질문들을 90년대생은 싫어할 수도 있다는 겁니다. 따라서, 젊은 직원들이 회식에 참석을 잘 안 하려고 한다고 해서 관심과 배려도 원하지 않는 것이라고 결론을 내려서는 안 됩니다. 진짜 안 좋은 것은 젊은 세대들은 회식을 싫어한다고 단정하고 아예 회식 자리에 부르지도 않는 것입니다. 권했는데 참여를 못하는 것은 어쩔 수 없지만, 아예 배제하는 것은 젊은 직원들을 소외시키는 것입니다. 대학내일20대연구소의 〈세대별 일과 동료에 대한 인식 조사〉에 따르면, 90년대생 직원들의 68.5%는 직원들 간의 친밀도가 팀워크에 중요하다고 답했습니다. 80년대생(69.5%)이나 70년대생(76.5%)의 답변과 큰 차이가 없었죠.

회식도 모든 세대가 받아들일 수 있게 일정한 매너를 지키면서 한다면 전혀 문제가 없습니다. 참석자들의 의견을 따라서 회식 방식과 일정을 미리 정하고, 음주가무를 싫어하는 사람에게는 강권하지 않으며, 적당한 시간 안에 끝나도록 하면 되죠. 사실 회식은 어떤 나라 직장에도 있는 것입니다. 90년대생들도 자기 또래들과는 얼마든지 어울려서 술 먹고 클럽 가서 춤추고 놀아요. 직장 사람들이 상하가 함께 모여 하는 회식을 불편해한다는 겁니다. 신참과 고참들의 코드가 맞지 않는데 억지로 회식 자리를 만들면 '즐기는' 시간이 아닌 '견디는' 시간이 되기 때문이죠. 퇴근 직전에 회식을 통보하는 것 역시 불편을 초래하고 결국 상대를 존중하지 않는 행동입니다.

2부

동기부여가 잘돼야
조직이 젊어진다

'신입사원 31%, 입사 1년 이내 퇴사'

구인구직 플랫폼 사람인이 2019년 5월 발표한 조사 내용입니다. 이 조사는 직전 12개월 신입사원을 채용한 기업 416개사를 대상으로 진행한 것인데, 조기 퇴사의 비율이 전년도 결과 대비 5.4%포인트 늘어난 것을 보여주는 결과입니다. 1년을 채우지 못하고 조기 퇴사한 직원들은 평균 4.6개월 만에 회사를 떠나는 것으로 나타났고, 3개월도 못 채우고 나가는 비율도 54%나 되었습니다.

직장에는 마음을 못 붙이는 20~30대 젊은 직장인들이 역설적으로 주중 저녁이나 주말에 적지 않은 학비를 내고 시간을 투자하여 소위 '퇴사학교', '인생학교'를 다니고 있습니다. 엄청난 취업난을 뚫고 입사에 성공하면 '고민 끝, 행복 시작'일 줄 알았는데, 사회 생활에 발을 내딛은지 얼마 되지도 않는 젊은 직장인들이 퇴사와 인생을 고민하고 있다니, 도대체 뭐가 문제일까요?

세계 최고의 경영대학원 중 하나로 꼽히는 미국 펜실베이니아대학교 와튼 스쿨Wharton School에서 불과 29세의 나이에 종신 교수가 된 사람이 있습니다. 《기브앤테이크Give and Take》, 《오리지널스Originals》 같은 세계적 경영 베스트셀러의 저자이기도 한 애덤 그랜트Adam Grant입니다. 그는 학교 요청으로 기부금 모금 성과를 높이는 프로젝트를 수행한 적이 있습니다.

모금은 교내 전담 콜센터에서 졸업생 대상 전화를 통해 이뤄졌는데, 기부를 권유하는 업무 특성상 직원들의 스트레스가 높았고 이직도 잦았으며 모금 성과도 기대에 미치지 못했습니다. 좀 더 업무에 맞는 직원을 가려서 선발하고 성과에 따른 보너스 제도를 바꾸는 방법도 있었지만, 그랜트 교수는 다른 접근을 시도했습니다. 일부 직원들에게 장학금 수혜 학생들이 졸업 후 어떻게 성공했는지에 대한 스토리를 발굴해 읽도록 한 것입니다. 그 후 스토리의 주인공을 학교로 초청, 해당 직원들과 만나는 5분간의 대화도 주선했습니다. 한 달 후 이 직원들의 모금액은 평균 4배 이상 늘었습니다. '내가 모금한 돈이 학생의 일생을 바꾼다'는 생각은 하루 100통 넘게 전화를 돌리는 중노동의 고통도 잊게 해주었고, 열심히 일할 동기가 생긴 것입니다.

동기는 한자로 '動機'라고 쓰는데, '움직이게 하는 힘'이라는 의미로 이해할 수 있습니다. 중세 라틴어 단어 'motivus' 역시 '무언가를 움직이게 하다'라는 뜻인데, 여기에서 영어 동사 'motivate'가 파생됐죠. 결국 동기부여는 '다른 사람으로 하여금 어떤 행동을 하도록 하는 힘 또는 방법'이라는 의미입니다.

동기는 마치 휘발유 같습니다. 자동차가 아무리 성능과 품질이 좋고 안전하게 설계가 되었더라도 휘발유를 넣고 시동을 켜야 출발을 할 수 있는 것처럼, 아무리 능력 있는 사람들을 모아놓고 업무 목표와 제도, 프로세스를 짜임새 있게 만들었다고 하더라도 막상 직원들이 일하고 싶은 마음이 안 생기면 성과가 나지 않습니다.

처음으로 취직한 90년대생 중 3분의 1에 가까운 사람들이 1년도 안 되어 회사를 떠나고, 다니는 동안에도 그렇게 조직 생활에 마음을 쏟지 못한다는 것은 동기가 작동되는 데 문제가 있다는 것으로 해석이 됩니다. 그것은 곧바로 직원들에게 동기부여를 해야 하는 40~50대 관리자들의 책임으로 이어집니다. 요즘 관리자들은 업무에 대한 것보다 직원들을 어떻게 동기부여할지에 대해 더 고민하는 경우가 많습니다. 이런 고민은 우리나라 기업들만의 것도 아닙니다. 포춘 1000대 기업에 근무하는 직원 120만 명을 대상으로 한 조사에 따르면 85%의 경우에서 직원 동기 수준이 입사 6개월 후에 급격히 떨어지는 것으로 나타났다고 하니 말입니다.[6]

동기부여는 아마도 관리자들이 마스터해야 하는 능력 가운데 가장 복잡하고 까다로운 것이 아닐까 싶습니다. 20세기 전기부터 조직심리학 분야에서 가장 많이 연구된 주제 중 하나가 바로 동기 이론입니다. '욕구위계 이론', '존재-관계-성장ERG 이론', '동기-위생 이론', '성취동기 이론', '기대 이론', '공정성 이론', '목표설정 이론' 등 일일이 열거하기도 벅찰 만

---

6. Tomas Chamorro-Premuzic and Lewis Garrad, If You Want to Motivate Employees, Stop Trusting Your Instincts, Harvard Business Review, February 2017.

큼 많은 이론이 있었습니다.

90년대생들이 직장에 쏟아져 들어오면서 안 그래도 어렵던 동기부여는 더 어려워졌습니다. 구성원들의 특성이 과거와 많이 달라지니까 그나마 통하던 방식이 더 이상 안 통하는 것들이 많아진 것이죠. 상사가 나에게 일을 시켰던 방식대로 90년대생 직원들에게 일을 시켜서는 안 먹힌다는 말입니다. 그렇다고 회사에서 90년대생을 위한 동기부여 방법에 대해 알려주는 것도 없습니다. 배워본 적이 없는 동기부여 리더십을 발휘하라니, 막막할 뿐입니다.

하지만, 우리는 그냥 손 놓고 있을 수만은 없습니다. 당장 내일 회사에 출근하면 맞닥뜨릴 문제이고, 방법을 찾지 못하면 앞으로도 계속 관리자들을 괴롭히는 복병이 될 수 있기 때문입니다. 그리고, 요즘 사회와 조직의 변화 추세를 보았을 때 바뀌는 것은 젊은 세대만이 아닙니다. 우리 사회의 모든 사람들이 변하고 있습니다. 90년대생의 동기부여 문제를 제대로 고민하면, 조직 전체의 활기와 효율성을 되찾는 비밀을 발견할 수도 있습니다. 자, 이제 함께 떠나보실까요?

동기는 부여되는 것이 아니다

2017년 7월 잠실 롯데호텔에서 국내 최초 '치믈리에' 자격시험이 치러졌습니다. '치킨'과 '소믈리에'(포도주 감별사)의 합성어인 치믈리에는 '튀겨진 치킨을 먹어보고 어느 브랜드의 어떤 메뉴인지를 알아맞히는' 전문가라는 뜻입니다. 물론 만들어낸 말이죠. '대한민국 치킨 미각 1%'를 가리기 위해 음식 배달 주문 서비스 업체 '배달의민족'이 주최한 이 행사는 2018년에도 한 번 더 열렸는데, 행사의 예선에 해당하는 '모의고사'에 (대학수학능력시험 응시자보다 많은) 58만 명이 참여했고 최종 본선에는 500명이 참가했습니다.

각종 매체와 소셜 미디어를 뜨겁게 달군 이 행사가 브랜드에 미친 효과는 수십 억 예산을 들인 광고를 능가했을 것이라는 것이 세간의 평가였습니다. 배달의민족은 이 행사로 '2018 대한민국 광고대상'에서 통합미디어 부문 캠페인 전략 '금상'을 수상했으니까요.

호텔 대관료, 담당자 인건비, 치킨 500마리 값 정도를 쓴 것 치고는 어마어마한 홍보 효과를 누린 셈이죠. 그런데 이 행사가 전혀 계획된 것도, 지시된 것도 아니라는 사실을 아시나요?

이 행사는 브랜드나 마케팅 부서가 아니라 신규 입사자 교육 TF 직원들 머리에서 나온 아이디어입니다. 신규 입사자 조기 적응을 위한 워크숍 내용을 구성하면서 '뭘 해보면 재미있을까?' 하고 브레인스토밍을 하다가, '치킨 맞히기 블라인드 게임'을 해보자는 의견이 나온 겁니다. 예능 방송 기획에서 나올 법한 발상이죠. 한참 수다를 떨다가, '어! 이 아이디어 괜찮네' 하는 생각이 들자 누가 먼저라 할 것도 없이 얘기된 내용을 문서로 정리했고 그것이 곧바로 기획서가 됐다고 합니다. 행사 준비가 한창 진행될 때까지 김봉진 대표는 내용을 아예 몰랐다고 합니다. 평소에도 직원들에게 하고 싶은 일을 재미있게 하라고 얘기하고 다녔는데, 진짜 직원들이 '알아서' 한 건 한 것이죠. 직원들이 하고 싶어서 재밌게 열심히 했는데 결과가 좋은 것. 이것이 바로 최고의 동기부여라고 할 수 있습니다.

하지만, 현실에서 하고 싶은 일을 즐겁게 찾아서 하는 사람은 흔치 않습니다. 2019년에 한 취업포털에서 직장인 307명을 대상으로 조사한 결과, 응답자의 86.6%가 "직장 내 월급 루팡이 있다"라고 응답했습니다. 심지어 열 명 중 일곱 명은 "나 자신을 월급 루팡이라고 생각해본 적 있다"라고 답했습니다.[7] '월급 루팡'은 대충 일하

7. 〈직장인 87%, 사내 '월급 루팡' 있다… '부장급' 최다〉, 중앙일보, 2019. 7. 3.

면서 월급만 따박따박 받아 챙기는 직장인을 비꼬는 말인데, 요즘처럼 구조조정이 일상화된 시절에도 그런 사람들이 조직에서 버틴다는 것은 놀랍지요. 그만큼 업무는 힘들고 귀찮고 가능하면 피하고 싶은 것이라는 말입니다.

지금의 기성세대들은 옛날에 어떻게 일했을까요? 그때는 지금처럼 '워라밸'이라는 말도 없었고, 노동법도 유명무실했으며, 직장 상사들은 지금보다 훨씬 포악했는데 말이죠. 과거에는 일을 '하고 싶어서' 하는 경우보다는 '해야 하니까' 했던 경우가 훨씬 많았을 것입니다. 하기 싫어하는 직원들을 몰아붙여서라도 성과를 내야 하니 상사들은 강압적인 방법에 더 많이 의존할 수밖에 없었고요. 요즘은 드라마에서나 볼 수 있는 일이지만, 상사가 보고를 받다가 서류 뭉치를 집어던지는 일 정도는 흔하게 있었습니다. 그런 시절에도 참고 일을 했던 것은 참는 것이 당연했기 때문입니다. 20년 전의 한국 직장에서는 직원들을 '동기부여'를 한다는 말 자체도 거의 쓰이지 않았습니다. '일은 시키면 당연히 하는 것이지, 동기부여는 무슨 얼어죽을…….' 이것이 그 당시 관리자들의 지배적인 마인드였습니다.

일은 '참고 해야 하는 것'이라는 생각은 뿌리가 깊습니다. 예를 들어, 《구약성서》에는 일(노동)에 대한 고대인들의 관념이 잘 반영되어 있습니다. 인간들의 시조인 아담과 하와는 신이 금지한 선악과를 먹습니다. 신은 그들을 죽이지는 않았지만, 에덴 동산에서 추방하고 출산과 노동의 고통을 짊어지게 했습니다. 이 스토리 안에는 인간이 노동을 하는 것은 '죄를 씻기 위한' 것이라는 생각이 들어 있습니다. 그런 의미에서 노동은 괴롭고 힘들지만 참고 견뎌야 하는 것입니다.

동기부여 전문가의 눈으로 보면 이 스토리는 가장 낮은 수준의 동기에 해당합니다. 죄를 씻는다는 것은 결국 '살기 위해서'라는 얘기입니다. 원래 신에 대해 죄를 지었으면 '죽음'이라는 형벌을 받아야 하는데, 그것을 유예하는 대가로 땀 흘려 일한다는 얘기니까요. 고대 서양 철학의 전통을 수립한 아리스토텔레스는 "만족을 느끼면서 보수도 받는 일자리는 구조적으로 양립할 수 없다"고 했는데, 이런 생각도 결국 《구약성서》의 노동관과 다르지 않습니다. 그 이후의 역사를 보더라도 이런 노동관이 근본적으로 바뀐 적이 없습니다. 지금의 기성세대 직장인들도 기본적으로는 그런 노동관을 전제로 하는 조직 분위기 안에서 일을 배우고 경험을 쌓아서 관리자가 되었습니다.

그런 관리자가 있는 조직에 90년대생이 들어온 것입니다. 그렇다고 그들이 기성세대에게는 없는 '새로운' 노동관을 가지고 조직에 들어온 것은 아닙니다. 기성세대가 가지고 있는 노동관을 거부할 뿐이죠. 전통적 노동관으로 세뇌가 잘 되지 않는 젊은 직원들 때문에 중간 관리자들은 벽에 부딪치고 있습니다. 눈을 똑바로 바라보며 "제가 왜 그 일을 해야 합니까?"라고 반문하는 20~30대 직원에게 뭐라 할 말이 없습니다. "팀장이 하라면 닥치고 할 것이지, 무슨 말이 많아!"라고 고함을 치고 싶지만, 그랬다가는 감당하기 어려운 후폭풍이 몰아닥칩니다. 하는 수 없이 살살 달래서 일을 시켜보고 비슷한 처지의 관리자들끼리 술잔을 기울이며 한탄을 할 뿐입니다. '배가 불러서', '헝그리 정신이 없어서' 레퍼토리가 반복됩니다. 그런데, 한 번도 먹을 것이 없어서 배고팠던 적이 없는 사람에게 헝그리 정신을 기대하는 것은 무리가 아닌가 하는 생각이 들기도 합니다.

욕구를 찾아내서 행동으로 옮기도록 도와야 한다

현대 심리학은 동기를 '어떤 행동을 일으키는 에너지와 방향'으로 정의하는데, 그런 에너지는 감정과 욕망에서 나온다고 합니다. 그래서 사람들은 감정을 느끼지 않는 대상에 대해서는 '하고 싶은 마음'이 생기지 않습니다. 심리학적으로 표현하자면 '감정적 분리 emotional detachment'가 이루어졌을 때에는 동기부여가 불가능한 것입니다. 그렇다면 '하고 싶은 마음'은 도대체 어디서 오는 걸까요? 인간의 뇌 깊숙한 곳에 사람의 행동에 중요한 '기저핵basal ganglia'이라는 부위가 있습니다. 기저핵에서 가장 큰 조직은 선조체striatum로, 뇌의 여러 부위와 신체 각 부위를 연결하는 신경 다발이 피아노 줄처럼 묶여 있는 모습입니다. 컴퓨터로 비유하자면 메인 컴퓨터와 주변 기기들을 연결하는 배선과 같은 역할을 합니다. 뇌의 행동 명령이 신체 각 부위로 전달되기 위해서는 이 부위에 도파민dopamine이라고 하는 신경조절물질이 작용해야 합니다. 그래서 선조체를 '도파민 회로dopamine circuit'의 중심으로 봅니다. 바로 이 '도파민 회로'가 동기의 핵심입니다. 도파민 회로가 작동하지 않으면 사람은 동기가 안 생깁니다. 아무 의욕이 없고 멍한 상태가 됩니다. 실제 뇌출혈 등으로 선조체가 손상된 환자들에서 의욕과 동기가 없어져서 회복이 되지 않는 임상 사례가 많은데, 과학자들은 이런 현상을 통해서 도파민 회로와 동기의 관계를 검증했습니다.

수십 년 동안 인지심리학자들은 인간과 기계의 인지 방식의 공통점과 차이점을 연구했습니다. 연구를 하면 할수록 기계가 매우 인간적인 부분까지도 해낼 수 있는 것으로 밝혀지고 있지요. 하지만, 기계가 절대 가질 수 없고 오직 인간에게만 있는 한 가지 핵심적인 차별점을 알아냈는데, 그것이 바로 인간은 욕구를 갖는다는 사실입니다. 욕구가 있기 때문에 스스로 생각과 아이디어를 만들어내고 그것을 행동에 옮긴다는 겁니다. 그 욕구를 찾아내서 행동으로 옮기도록 돕는 것이 바로 동기부여입니다. 없는 것을 집어넣는 outside-in 것이 아니라, 있는 것을 끄집어내는 inside-out 것입니다. 이걸 모르고 직원들을 관리하려고 하면 자꾸 트러블이 생깁니다. 어떤 리더들은 자기만의 방법으로 동기부여를 해보려고 이리저리 노력을 하는데, 그럴수록 직원들과의 괴리감이 커지는 경우가 많습니다.

동기부여motivation와 통제control는 서로 상충되는 행동입니다. 동기부여는 어떤 행동을 하려는 욕구를 강화시키는 것이고, 통제는 반대로 그 욕구를 억누르는 것이니까요. 인간을 하나의 '행동 시스템'이라고 본다면, 동기부여는 긍정 명령, 통제는 부정 명령을

아직 꼰대는 되고 싶지 않습니다

내리는 것과 같습니다. 회사나 상사가 긍정 명령과 부정 명령을 동시에 내리면 어떻게 될까요? 좋지 않을 것 같습니다. 마치 뜨거운 커피와 아이스 커피를 섞어서 마시는 것처럼 말이죠. 뜨거운 커피의 풍미도 아이스 커피의 청량감도 없는 미지근하고 씁쓸한 물이 되는 겁니다.

사람은 긍정 명령(해라!)보다 부정 명령(하지 마라!)에 민감하게 반응합니다. 하지 말라는 것을 하지 않는 것이 더 쉽기도 하지요. 그렇기 때문에 동기부여와 통제를 동시에 쓰면 통제의 효과만 있습니다. 일을 안 하거나 아주 최소한으로 하는 것이죠. 예를 들어, "시키기 전에 알아서 좀 해라. 그리고 사고 치지 마!"라는 얘기를 하면, 직원들은 그냥 아무 일도 안 하거나 일하는 시늉만 할 가능성이 높습니다.

한편, 자유 의지를 가진 인간은 통제를 받는다고 생각하는 순간 다른 욕구보다 '통제에서 벗어나고 싶다'는 생각이 강해지는 면도 있습니다. 벗어나고 싶지만 벗어날 수 없을 때 사람들은 자기가 할 수 있는 일조차 못하게 되는 경우가 많습니다. 통제를 받는 것은 바꿔 말하면 '자기통제권'이 없는 상태입니다. 심리학자들은 자기통제권을 잃은 상태에서 사람들이 느끼는 감정을 '무기력'이라고 봅니다.

동기부여는 지시나 통제를 통해 억지로 해서 되는 것이 아니라, 자연스럽게 사람들의 마음 속의 욕망이 흘러나오도록 보이지 않게 북돋우는 영향력입니다. 중국의 오래된 고전 속에도 이런 지혜가 잘

담겨 있습니다. 도가道家의 비조鼻祖인 노자老子가 쓴 것으로 전해지는 고대 문헌《도덕경道德經》17장에 다음과 같은 대목이 있습니다.

太上, 下知有之, 其次親而譽之, 其次畏之, 其次侮之……功成事遂, 百姓皆謂我自然

군왕이 정치를 가장 잘하는 나라에서는 백성들이 왕이 있다는 정도만 알고 신경을 쓰지 않는다. 그런대로 정치를 잘하는 나라에서는 백성들이 왕을 칭송하고 친밀하게 느낀다. 정치를 잘 못 하는 나라에서는 백성들이 왕을 두려워하며 행동을 조심한다. 정치가 제일 엉망인 나라에서 백성들은 모여서 왕을 욕한다……. 정치를 정말 잘하는 나라에서는 좋은 일이 있어도 백성들은 "우리가 잘해서 이렇게 되었다"라고 말한다.

저는 이 표현을 처음 접했을 때 깜짝 놀랐습니다. 아니, 어쩌면 약 2500년 전에 중국의 철학자가 쓴 내용이 오늘날 현실에 적용해도 전혀 손색 없는 통찰력을 가지고 있을까요. 이 대목의 내용을 현대 조직의 리더십과 조직 행동에 접목시켜서 비교를 해봤습니다. 그랬더니, 정말 기가 막히게 딱 맞아떨어집니다.

군주의 정치 수준	백성들의 행동
정치를 가장 잘하는 나라	자기 스스로 잘 산다고 느낀다.
정치를 잘하는 나라	왕을 칭송하고 친밀하게 느낀다.
정치를 못 하는 나라	왕을 두려워하며 행동을 조심한다.
정치가 엉망인 나라	모여서 왕을 비난하고 저주한다.

아직 꼰대는 되고 싶지 않습니다

상사의 리더십	직원들의 행동
직원을 자유롭게 하는 상사	재미있어서 일한다.
직원을 잘 다루는 상사	보상이나 승진을 바라고 일한다.
직원이 두려워하는 상사	혼나기 싫어 일하는 척만 한다.
직원들이 증오하는 상사	대놓고 일을 안 하고 반발한다.

중국 역사가 5000년도 넘지만, 정말 백성들이 군왕이 '있다는 정도만 알고 신경을 쓰지 않는' 시대가 있었는지는 모르겠습니다. 어쩌면 시대를 초월한 철학자의 이상주의적인 바람이었을지도 모르죠. 하지만, 90년대생을 동기부여하기 위해 고민하는 오늘날 조직 리더들에게 '인사이트'를 주기에는 충분하다고 봅니다. 젊은 직원들을 동기부여하는 방법을 찾으려고 성급한 마음을 먹지 마세요. 이미 그들이 가지고 있는 동기를 꺾지는 않고 있는지 돌아보는 것이 우선일 수 있습니다.

책임감 없다 하지 말고, 권한부터 위임한다

"90년대생은 책임감이 없다!"

대부분 기성세대 직장인들이 공통적으로 얘기하는 부분입니다. 취업포털 잡코리아와 알바몬이 2019년 조사한 결과에서 80~90년 대생 직장인들은 10점 만점에 5.7점이라는 점수를 받았죠. 젊은 직원들의 역량에 대해 어떻게 생각하는지 기성세대 관리자들에게 물어보면, IT 능력, 창의성, 글로벌 감각, 업무 지식, 추진력은 뛰어나지만 책임감, 끈기, 성실성, 소통, 충성심 등 전통적인 가치 측면은 약하다는 지적을 합니다. 기업의 관리자들이 보기에는 젊은 직원들이 '테크닉'은 좋지만 '기본기'가 부족하여 마음 놓고 일을 맡기기 어렵다는 것입니다.

하지만, 막상 90년대생의 얘기를 들어보면 다음과 같이 전혀 다른 말을 합니다. "일은 내가 다 하는데 권한은 하나도 없고, 상사는 촘촘하게 관리하지, 성과 좀 나면 윗분들이 일한 것처럼 가로채서 일할 맛이 안 난다." 어느 쪽 말이 맞는지 검증하기는 어렵겠지만, 책임과 권한이 항상 함께 가는 것이라고 한다면 권한을 주지 않았기 때문에 책임감을 발휘하지 않았을 가능성 역시 무시할 수 없습니다.

21세기 들어서면서 우리나라 교육계에는 '자기주도'라는 말이 유행하기 시작했습니다. 중학생, 초등학생뿐 아니라 유치원생에게까지 자기주도 학습을 시키고 싶어 합니다. 전통적인 교육 모델에서는 교사가 학생을 어떻게 가르치고, 학습 동기를 부여할 것인지에만 초점을 두었기 때문에 학생들에게 학습의 주도권을 넘겨준다는 것은 커다란 변화였습니다. 지금 직장에 진출하는 90년대생은 이런 '자기주도' 학습의 영향을 받은 세대입니다. 물론 진정한 자기주도 학습이 이뤄졌다고 하기는 어렵겠지요. 하지만, 최소한 그런 개념이 있다는 것을 알고 공부를 한 것은 커다란 발전입니다. 자기주도적인 인재로 키워진 사람이 피동적으로 키워진 사람과 가장 다른 점은 '시키는 일'을 하기보다는 '자기가 하고 싶은 일'을 할 줄 안다는 것입니다.

미국의 유명한 리더십 전문기관 젱거-포크먼Zenger-Folkman에서 권한 위임의 중요성에 관한 조사를 한 적이 있습니다. 직원들을 대상으로 설문을 실시하여 자신이 회사에서 '권한을 충분히 위임받고 있다'고 생각하는 사람들과, '위임을 제대로 받지 못하고 있다'고 응답한 사람들로 나눴습니다. 그러고는 두 그룹에 공통적으로 '조직의 성공을 위해 추가적인 노력을 기울일 의사'가 있는지 물었는데, 전자의 경우 67%가 그렇다고 답한 반면, 후자의 경우는 4%만이 그렇다고 답했습니다. 내 일이 아니라고 생각하는 일은 하기 싫은 것이 인간의 본성임을 잘 나타내는 조사 결과로 보입니다.

그들은 왜 권한을 위임하지 못하는가

부하들에게 자유를 주지 않고 세세한 부분까지 챙기는 관리자를 '마이크로매니저micromanager'라고 합니다. 마이크로매니저는 직원들이 회사를 그만두는 주된 이유 중 하나로 꼽히지요. 어떤 사람들은 마이크로매니저들이 '조직을 말려 죽인다'고 표현하기까지 합니다. 사실 '내가 마이크로매니저'라고 스스로 인정하는 사람들은 별로 많지 않습니다. 하지만, 본인들은 회사를 위해 열심히 일하고 있고, 누구보다 능력이 있다고 생각하는 사람들이 마이크로매니저인 경우가 많습니다. 그렇다면, 이런 관리자들은 어떤 특징이 있을까요? 대표적인 행동 특성을 열 가지로 정리해봤습니다. 한 사람이 이 열 가지에 모두 해당하기는 쉽지 않겠지만 절반 이상만 되어도 주변 사람들에게는 충분히 마이크로매니저로 보일 수 있습니다.

마이크로매니저들의 특징
- 업무 지시가 너무 구체적이고, 지시대로만 하기를 바란다.
- 작은 것까지도 자기 승인을 거치도록 요구한다.
- 구두로 설명해도 되는 것을 굳이 서면 보고서로 작성하도록 시킨다.

아직 꼰대는 되고 싶지 않습니다

- 모든 부서 이메일에서 자신을 수신인으로 지정하도록 한다.
- 수시로 중간 보고를 요구하고 전화 또는 문자로도 업무를 챙긴다.
- 자기만의 정보나 노하우를 다른 사람들과 잘 공유하지 않는다.
- 옆에서 피드백이나 조언을 해도 듣는 둥 마는 둥 한다.
- 직원들의 결과물에 만족하는 법이 없고 끊임없이 불평을 한다.
- 일은 열심히 하는데 큰 그림을 놓쳐서 중요한 실수를 종종 한다.
- 챙기는 프로젝트 중 많은 것들이 지연되어 있다.

한편, 맥킨지의 조직문화 컨설턴트였던 닐 도쉬Neel Doshi는 직원들이 업무에 몰입하기 위해서 세 가지 중 최소 한 가지는 충족되어야 한다고 했습니다. 일 자체가 즐거움fun, 즐겁지는 않더라도 의미meaning가 있음, 그리고 일을 통해 성장growth한다고 느낄 수 있음이 그 세 가지입니다. 흥미롭게도 이 세 가지의 공통적인 전제는 권한입니다. 권한이 있어야 업무에 대한 선택과 결정을 할 수 있고, 그래야 의미와 즐거움도 느낄 수 있으며 개인적인 성장도 가능하기 때문입니다. 그래서, 구글 같은 회사에서는 '마이크로매니징을 하지 않는 것'이 우수 관리자의 열 가지 성공 요인 중 하나라고 합니다.

지식 노동 분야에서는 권한 위임이 더 중요합니다. 지식노동자는 두뇌, 그중에서도 특히 전두엽을 많이 써서 일을 하게 됩니다. 가설을 세워서 정보를 분석하고 종합과 추론을 거쳐 판단을 내리고, 거기에 바탕하여 계획을 세우고 문제해결을 하는 것이 모두 전두엽의 힘으로 가능합니다. 그런데, 전두엽은 자기통제력을 가진 상황하에서만 제대로 작동할 수 있습니다. 권한 없이 지시받은 일만 처리하는 지식 노동자들은 자기 두뇌가 가진 잠재력을 제대로 활용하지 못한다는 얘기입니다. 소 잡는 칼로 닭 잡는 격이죠.

권한 위임은 '하면 좋은 것'이 아니라 직원들이 제대로 일을 하기 위해 필수적인 요소인 셈입니다. 실제로 사람들이 일터에서 권한을 얻고자 하는 것은 다른 사람을 통제하는 위치에 서고 싶어서라기보다 자기통제권을 갖고 싶어서라는 연구가 있습니다.[8] 권한 위임이 충분할수록 직무 만족도와 업무 몰입도가 높아지고 이직률이 낮아진다는 연구 역시 많습니다. 영국에서 이루어진 한 연구에 따르면 낮은 직무 자율성은 흡연보다도 관상동맥질환 발병 확률을 더 높인다고도 합니다.[9] (권한이 없어) 자신이 통제할 수 없는 스트레스가 생길 때 사람은 정신적으로 상처를 받습니다. 똑같은 업무 관련 스트레스를 겪더라도 권한을 가지고 이런저런 방식으로 대응할 수 있는 사람은 스트레스로 잘 쓰러지지 않습니다.

권한 위임에 대한 얘기를 하다 보니, 몇 년 전 한 국내 대기업에서 있었던 기가 막힌 에피소드가 떠오릅니다. 새로운 CEO가 임명

8. Lammers, J., Stoker, J. I., Rink, F., & Galinsky, A. D. (2016). To Have Control Over or to Be Free From Others? The Desire for Power Reflects a Need for Autonomy. Personality and Social Psychology Bulletin, 42(4), 498–512. https://doi.org/10.1177/0146167216634064.

9. M. G. Marmot, H. Bosma, H. Hemingway, E. Brunner, S. Stansfeld, Contribution of job control and other risk factors to social variations in coronary heart disease incidence. Lancet. 1997; 350(9073): 235–239. doi: 10.1016/s0140–6736(97)04244–x.

되고 대대적인 경영혁신 활동 추진의 일환으로 직원들에게 '개인별 업무관리표'라는 것을 쓰게 한 것입니다. 전사 공통의 엑셀 양식을 배포하고 모든 직원이 15분 간격으로 어떤 업무를 했는지 일일이 기록하게 한 것인데, 취지는 실제로 하고 있는 업무를 투명하게 파악함으로써 낭비와 비효율을 제거한다는 것이었다고 합니다. 하지만, 한 시간에 네 번씩, 그러니까 하루 서른두 번 엑셀 파일을 열어서 업무 내용을 기록하고 저장하고 닫는 일을 반복하는 것이 더 비효율이라는 것이 대부분 구성원들의 목소리였습니다. 보통 마이크로매니징은 개별 관리자의 문제인데, 이 회사는 전사 차원의 문제로 만들었던 거죠. 결국 3년 후 CEO는 실적 부진으로 경질되고 말았습니다.

오랫동안 관찰해본 결과, 위임이 잘되는 조직은 일정한 패턴이 있습니다. 리더들이 업무를 믿고 직원들에게 맡기기 때문에 실무를 세세하게 체크하느라 많은 시간을 쓰지 않게 되죠. 대신 좀 더 많은 시간을 직원들과 대화를 하거나 어려움을 겪는 직원들을 돕는 데 씁니다. 그리고 퇴근도 정시에 하게 되니 직원들에게 야근 눈치 줄 필요도 없고요. 위임이 골고루 잘되면 과도한 업무로 탈진하는 직원도 없고, 눈치 보며 한가하게 노는 직원도 없습니다. 서로서로 비슷한 업무 강도로 일하다 보니 직원들은 누가 일을 안 한다는 둥 누가 팀워크에 방해가 된다는 둥 뒷공론할 일도 없습니다. 당연히 만족도, 생산성은 올라가고 이직률도 동종사보다 낮아지죠. 이런 회사에 가 보면, 직원들 표정이 밝고 분위기가 활기차다는 것을 느낄 수 있습니다.

반대로, 위임이 안 되는 조직에도 패턴이 있겠지요. 리더들은 모든 직원의 업무를 챙깁니다. 지시하고, 보고받고, 결제하고, 생각대로 결과가 나오지 않으면 지적하고 꾸중도 해야 합니다. 일이 산더미라 정시 퇴근은 꿈도 못 꾸죠. 리더가 집에 안 가고 있으면 직원들도 눈치 보느라 덩달아 남아 있습니다. 업무에 치여서 허덕이는데 위에서는 새로운 과제를 시킵니다. 직원들이 많지만, 미더운 직원은 한두 명뿐이니 결국 일 잘하는 직원에게 계속 새로운 업무가 떨어집니다. 우수 직원들은 지쳐가고 불만이 차오릅니다. '왜 나한테만 자꾸 일을 주냐'며 원망을 하게 되죠. 팀 분위기가 안 좋아지고 서로 남 탓을 합니다. 팀원들은 업무에 최선을 다하지 않고, 시키지 않는 일에는 신경도 쓰지 않습니다. 리더는 팀 분위기가 너무 한심하다고 탄식을 하면서도 마음 한구석으로는 생각합니다. '이런데 내가 안 챙기면 회사가 어떻게 돌아가겠어…….'

권한 위임을 못 하는 일차적인 이유는 리더 본인의 완벽주의 성향에 있습니다. 실무자로 일할 때 업무 능력을 인정받았고 일에 대한 자긍심이 강한 분일수록 이런 성향이 강합니다. 모든 일은 완벽해야 한다는 소신 때문에 부하 직원들에게 일을 맡겨놓지 못하는 거죠. 직원들이 곧잘 일을 해도 수시로 직접 챙겨야 마음이 놓입니다. 문제는 일에 대한 완벽주의 자체가 나쁜 것이 아니라는 겁니다. 이런 리더는 '나는 열심히 하려고 했다'고 생각합니다. 완벽주의의 연장선상에 있는 것이 강한 '통제 욕구'입니다. 완벽주의가

아직 꼰대는 되고 싶지 않습니다

'강박'의 한 형태라고 한다면, 통제 욕구는 '불안'의 형태로 볼 수 있습니다. 권한 위임을 하게 되면 자기도 모르는 사이에 일을 직원들이 마음대로 결정하고 해버릴까 봐 불안해서 일일이 보고해주기를 원합니다. 직원들이 자신에게 물어보지 않고 어떤 결정을 내려서 직접 실행하면 자신의 권한을 침범당한 것처럼 예민해집니다.

직원들의 업무를 관리하는 것이 자기 고유의 권한이라고 생각하는 사람들 역시 권한 위임을 잘하지 못합니다. 왜냐하면, 권한을 다 줘버리면 정작 자신은 할 일이 없어진다고 생각하기 때문입니다. 그래서 이런 관리자들은 위임이 아니라 '지시'하는 쪽을 선택합니다. 문제는 지시해서 하는 업무는 동기부여가 잘 안 된다는 것입니다. 지시보다 조금 나은 방법은 '설득'입니다. 하지만, 동기부여를 가장 잘하려면 직원이 '자기 설득'이 될 수 있도록 일을 맡겨야 합니다. 자기 설득은 과제의 필요성을 직원 스스로 자각하도록 도움으로써 가능합니다. 지시나 설득보다는 시간이 더 걸릴 수 있지만, 일단 '자기 설득'이 된 직원은 지시, 감독이 없어도 즐겁게 일합니다.

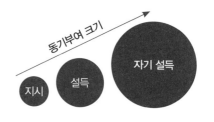

업무 효율에 대한 과도한 집착과 조급증도 문제입니다. 권한 위임에는 시간이 필요합니다. 권한을 처음 가져본 사람은 일이 익숙해지는 데까지 시행착오와 학습을 필요로 하기 때문이죠. 익숙해지고 나면 '권한을 위임하길 잘했구나' 하고 생각하게 됩니다. 문제는 그것을 기다려주지 못하는 것입니다. 사람 중심으로 생각하면 약간의 비효율이 장기적으로 효율이 된다는 것을 알 수 있는데, 너무 일 중심으로만 생각하는 것입니다. 팀원과 자신을 비교하는 리더들에서 이런 경향이 관찰됩니다. '위임해서 일을 진행하면 하루가 걸리는데, 내가 하면 두 시간이면 할 수 있다'는 식입니다. 경험 많은 리더가 팀원보다 생산성이 높을 수 있죠. 하지만, 그 생산성 격차를 끌어올리는 것이 리더의 역할 아닌가요? 너무 조급하게 생각하기보다는 팀원들이 추가로 쓰는 시간들이 조만간 팀 전체의 생산성을 높일 것이라고 믿어야 합니다.

리더가 직원들을 믿지 않을 때도 권한 위임은 잘되지 않습니다. '위임을 하고 싶지만 부하 직원이 못 미덥다'고 하는 상사들이 바로 이런 유형입니다. 이런 리더는 자신이 혹시 '필패 신드롬set-up-to-fail syndrome'에 빠져 있는 것이 아닌지 의심해볼 필요가 있습니다. 이것은 유능한 직원도 상사가 한번 안 좋게 보기 시작하면 종국에는 정말 '문제 직원'이 되는 현상을 말합니다. 잘한다, 잘한다 하면 진짜 잘하게 되는 것을 '피그말리온 효과pygmalion effect'라고 하는데, 그 반대인 셈이죠. 한번 편견을 가지면 다음부터는 직원이 잘하는 것은 안 보이고, 못하는 것만 보입니다. 자기가 원래 가지고 있는 인식을 강화하는 증거만 본다고 해서 이를 '확증 편향confirmation bias'의 한 형태로 보기도 하죠. 관리자들이 모든 직원을 이렇게 대하지는 않습니다. 연구에 따르면 90%의 조직 관리자들은 직원들을 내집단과 외집단으로 나눠서 관리한다고 하는데, 주로 상사의 신뢰를 받지 못하고 소외받는 외집단 구성원들이 필패 신드롬의 희생자가 됩니다.

알아서 하라고 하기 전에 생각해볼 것들

하지만, 권한 위임도 해본 사람이 할 수 있습니다. 무조건 일을 떠넘기고 '알아서 해라' 하는 것이 올바른 권한 위임은 아니기 때문입니다. 그리고 90년대생이라고 해서 모두가 업무 능력이나 스타일이 같은 것도 아니라서 권한 위임에는 나름의 원칙과 기준이 필요합니다. 그렇다면 권한 위임을 제대로 하려면 어떻게 해야 할까요? 열 가지로 정리를 해보았습니다.

1. 사람에 맞는 위임

직원의 경험, 강약점, 선호 등을 고려하여 가장 적합한 사람에게 위임합니다. 예를 들어, 혼자 일하는 것을 좋아하는 사람에게 협업이 많이 필요한 일을 억지로 위임하면 어려울 수 있습니다. 사람에 맞는 위임을 하려면 평소 직원들을 잘 관찰하여 파악하고 있어야 하고, 왜 그 직원에게 위임하는지 설명할 수 있어야 합니다.

2. 결과와 방향성이 명확한 위임

위임을 했는데 최종 결과가 기대와 달라져 있으면 안 되기 때문에 처음부터 명확히 해둘 필요가 있습니다. 그러려면 관리자가 업무를 정확하게 알아야 합니다. 알고 시키는 것과 모르고 시키는 것은 다르니까요. "디지털 트랜스포메이션 관련해서 뭐 좀 해봐." 이런 식으로 뜬구름 잡는 업무 위임은 하지 않습니다.

3. 잘게 쪼개기보다는 통으로 위임

권한을 줄 때는 확실하게 주는 것이 동기부여 효과가 크고 직원의 성장에도 도움이 됩니다. 세세하게 건건이 위임하는 것은 지시받은 잔무를 처리하는 느낌이라 책임의식이 별로 생기지 않습니다. 특히, 자신이 직접 처리하기 귀찮은 잡무를 위임이라는 명목으로 시키는 것은 좋지 않습니다.

4. 단계적 위임

통으로 업무를 위임하는 것은 궁극적인 목표지만, 처음부터 그렇게 할 수는 없습니다. 경력이나 지식이 풍부한 직원이 아니라면 처음에는 작은 단위의 업무를 위임하여 역량을 쌓은 뒤 점차 큰 책임을 맡깁니다. 감당할 수 없는 업무를 위임하여 실패하도록 하는 것은 좌절감을 주기 쉽습니다.

5. 목표 수립까지 포함하여 위임

목표를 정해주고 하라고 하면, 직원이 '왜 그 일을 해야 하는지'에 대한 고민이 깊어지지 않습니다. 목표를 스스로 정할 때 확실한 오너십이 생깁니다. 아직 목표를 정할 정도의 단계가 아니라면, 목표 수립 과정에 참여시키면 좋습니다. 직원의 업무 수행 의지도 확

아직 꼰대는 되고 싶지 않습니다

인합니다. '시키니까 한다'는 직원에게는 위임하지 않는 것이 좋습니다.

6. 필요한 코칭과 지원을 제공

일을 떠맡겨놓고 나 몰라라 하는 것은 위임이 아니라 방임입니다. 위임을 할 때는 권한과 함께 필요한 자원, 지식, 노하우 등을 함께 제공해야 합니다. 어떤 업무는 제대로 된 트레이닝을 필요로 하는 경우도 있습니다. 관리자 본인이 가장 잘하는 일이라면 '데모'를 해서 보여주는 것도 나쁘지 않습니다.

7. 불필요한 간섭은 자제

일단 위임한 업무에 대해 잦은 보고를 요구하지 않습니다. 결과를 만들 때까지 인내심을 가지고 기다리고, 직원이 스스로 충분히 해낼 것이라는 믿음을 가져야 합니다. 직원들이 나와는 다른 방식으로 업무를 하더라도 그것이 명확하게 틀린 것이 아니라면 일단 지켜보는 것이 좋습니다.

8. 한번 준 권한을 거둬들이지 않기

줬던 권한을 이유 없이 빼앗는 것은 자존감에 상처를 주거나 직원을 더 의존적으로 만들 수 있습니다. 문제가 생길 경우 그것을 해결하는 것 역시 직원의 책임입니다. 업무 결과가 기대에 미치지 못한다고 직원을 심하게 질책하거나 비난하면 두 사람 사이의 신뢰마저 깨질 수 있습니다.

9. 감사 표현을 할 것

위임한 업무나 프로젝트를 잘 완수했을 때는 고맙다는 표현을 하고, 어떤 부분이 잘되었다고 느끼는지 언급을 해주면 좋습니다. '당연히 할 일'이라고 생각하고 아무 표현을 하지 않으면 직원은 서운해할 수 있고, 다음에 다른 업무를 위임했을 때 적극적으로 나서지 않을 가능성이 있습니다.

10. 팀 전체 업무를 항상 파악할 것

업무 위임이 활발하게 되면, 팀 전체에서 다양한 과제가 진행되는데 그것들을 팀 차원에서 조율하는 것은 관리자의 일입니다. 누가 어떤 과제, 프로젝트를 맡아서 하고 있고, 잘 진행되고 있는지 등을 관리자가 직원들에게 먼저 다가가서 파악할 필요가 있습니다. 그래야 팀 전체의 과제 및 협업이 조화롭게 진행됩니다.

아직 꼰대는 되고 싶지 않습니다

불안은 조직을 갉아먹는다

몇 년 전 '이불 밖은 위험해'라는 말이 꽤 유행했습니다. 일례로 회사에서 젊은 직원들에게, "주말에 뭐 할 거야?"라고 물어보면, "집에 있으려고요. 이불 밖은 위험해서요……."라는 식의 답을 자주 들었던 것으로 기억합니다. 이런 말이 어디서 처음 시작되었는지는 분명하지 않지만, '세상이 험하니 괜히 나다니다가 위험에 빠지지 말고, 아늑하고 안전한 집에서 시간을 보낸다'는 의미로들 많이 썼던 것 같습니다.

그런 말이 사회적인 '밈meme' 형태로 유통되었다는 것은 그만큼 '안전함'에 대한 욕구가 강하게 자리잡고 있었다는 뜻으로 이해할 수 있습니다. 90년대생에 대한 담론에서 빠지지 않는 특징이 이들이 '불안감을 많이 느끼는' 세대라는 것입니다. 특히 지난 몇 년 사이 언론의 헤드라인을 읽어보면 그런 판단을 하게 만드는 말이 많았습니다.

- 풍요로운 경제 환경에서 태어났지만 외환위기(1998년), 글로벌 금융위기 (2008년)를 겪으며 어른들이 직장을 잃는 모습을 보며 성장

- 평생직장은 사라진 지 오래고, 2%대 저성장과 디지털 변화 속에서 직장 인 90%가 고용 불안을 느끼는 가운데 경력을 시작

- 20대 직장인 3분의 1이 이직을 고민하고, 우울증에 시달리는 20대가 2012년 5만 2793명에서 2018년 9만 8434명으로 86.5% 증가

- '건국 이래 최악의 세대', '부모보다 가난한 최초의 세대'로 불리며 '이번 생은 망했어(이생망)'라며 자책 속에 불안과 고통

비슷해 보이는 부정negative 감정이지만 두려움fear과 불안anxiety 은 큰 차이가 있습니다. 우선, 두려움은 위협의 대상이 눈앞에 있을 때 생기는 감정 반응입니다. 공포를 야기하는 원인이 구체적이라는 얘기입니다. 예를 들어, 칼을 든 강도가 눈앞에 나타나면 인간은 본능적으로 두려움을 느낍니다. 상대가 칼로 나를 찌른다는 구체적 위협이 눈앞에 존재하기 때문이죠. 이런 공포감은 위협의 대상이 사라지면 점차 사라집니다. 정말 무서운 공포영화를 벌벌 떨면서 보고 나서도 극장을 나설 때면 아무렇지도 않은 것이 그래

서입니다.

불안은 성격이 다릅니다. 나에게 위협을 가할 수 있는 어떤 구체적인 이유가 있을 때보다는, 상상 속의 다양한 부정적인 결과들을 떠올릴 때 나타나는 불편한 감정이기 때문입니다. 원인을 특정할 수 없기 때문에 불안은 좀처럼 사라지지 않습니다. 철학자들은 '존재론적 불안'을 생명의 유한성을 인지하는 인간의 본질이라고 봅니다. 한편 불안은 건강을 해치는 감정이기도 합니다. 자기 존재에 대한 불안감은 인간의 정신 에너지를 한없이 빨아들입니다. 인간은 주변 환경이 빨리 변할 때, 자기 존재의 이유가 설명되지 않을 때, 안전하지 않다고 생각할 때 불안을 느낍니다. 불안을 느낄 때일수록 부정적이고 자기중심적으로 행동한다는 연구가 많습니다. 그러므로 불안을 느끼는 사람을 동기부여한다는 것은 불가능합니다.

'심리적 안전감'이라는 말이 많이 알려지게 된 것은 구글Google이 사내 프로젝트 결과를 2015년 11월에 공개하면서였습니다. 구글이 궁금했던 것은 세계에서 가장 똑똑하고 일 잘하는 직원들만 뽑아 놓은 회사 안에서도 '특히 더 성과를 잘 내는 팀은 무엇이 다를까?'였습니다. 분석 전문가들은 내부 팀들을 대상으로 수백 번의 인터뷰를 하고, 고급 통계 기법을 적용하여 데이터를 분석한 결과 성공의 비밀을 네 가지로 압축했습니다. 그 네 가지는 '팀원들 간에 상호의존성이 높다', '업무 구조 및 역할이 명확하다', '팀원 개개인이 의미 있는 일을 할 수 있도록 업무를 배분한다', '모두가 공동의 목적을 위해 노력한다'였습니다. 그리고 이런 모든 것이 가능하도록 촉진 역할을 하는 특성이 있었습니다. '팀원들이 심리적으로 안전하다고 느낀다'는 것이었죠.

그런데 구글은 왜 갑자기 심리적 안전감을 연구했을까요? 사실은 구글의 분석 전문가들이 하버드대학교 교수 에이미 에드먼드 슨Amy Edmondson의 논문을 읽으면서 아이디어를 얻은 것이라고 합니다. 에드먼드슨 교수는 유명한 조직심리학자인데, 보스턴 소재의 여러 병원들을 대상으로 연구를 한 적이 있습니다. 입원 환자수 대비 투약 실수 보고 비율을 병동별로 다 따로 측정했죠. 그랬더니 환자 1000명당 평균 투약 실수가 제일 적은 곳은 2.3회였고, 가장 많은 곳은 10배나 많은 23.7회나 되었습니다. 에드먼드슨 교수는 처음에 관리가 잘되는 병동이 투약 실수가 적을 것으로 예상했습니다. 그런데 데이터를 분석했더니 예상과 전혀 맞지 않는 결과가 나왔습니다. 이상해서 병동마다 심층 인터뷰를 진행했죠. 알고 보니 투약 실수가 적게 보고된 병동은 실수한 직원을 벌주고 따돌리는 분위기가 강했고, 투약 실수를 최대한 은폐했습니다. 반대로, 분위기가 좋고 신뢰와 팀워크가 강한 병동일수록 직원들은 투약 실수를 투명하게 보고했고 실수를 줄이는 방안을 함께 찾았던 것이죠.

에드먼드슨 교수는 심리적 안전감이 부족한 팀의 특징을 다음과 같이 일곱 가지로 정리했습니다.

아직 꼰대는 되고 싶지 않습니다

- 실수한 개인이 불리한 결과(비난, 처벌, 불이익)를 감수한다.
- 팀에 문제가 있거나 이슈가 발생해도 이를 제기하지 않는다.
- 사람들은 자신과 다르다는 이유로 다른 구성원을 따돌린다.
- 위험한 일은 하려고 하지 않는다.
- 어려울 때 도움을 요청하기 쉽지 않다.
- 구성원 간의 관계가 종종 적대적이다.
- 동료의 능력과 재능을 인정하고 활용하는 면이 부족하다.

심리적 안전감을 회사 차원의 제도와 문화로 정착시킨 회사가 있습니다. 핀란드 헬싱키에 본사를 둔 모바일 게임 개발업체 슈퍼셀Supercell은 2012년 '헤이 데이'를 시작으로 '클래시 오브 클랜(2012)', '붐 비치(2014)', '클래시 로얄(2016)', '브롤 스타즈(2018)'를 선보였고, 고작 300명 정도의 인력에 게임 다섯 개로 2019년 한 해 약 15억 6000만 달러(약 1조 8720억 원)의 매출을 올렸습니다. 이 회사에는 '실패 자축 파티'라는 독특한 기업문화가 있습니다. 출시 전에 실패한 프로젝트가 많아도 그것을 누구의 탓으로 돌리지 않는 이 회사는 실패를 성공의 발판으로 삼기 위해 오히려 실패를 자축하는 것입니다. 이 자리에서 개발 담당 부서의 직원과 동료들이 모여 샴페인 잔을 기울이며 실패한 프로젝트를 잊고 다시 열심히 하자고 다짐을 한다고 합니다. 슈퍼셀 CEO 일카 파나넨Ilkka Paananen은 "실패를 장려하는 문화야말로 꾸준히 도전할 수 있게 하는 원동력"이라고 말합니다.

관리자들이 실천할 수 있는 것들

그렇다면, 구성원들이 심리적 안전감을 느낄 수 있도록 관리자들이 할 수 있는 일은 무엇일까요? 물론 회사에는 CEO의 영향이 가장 크겠지만, 구성원 입장에서 가상 가깝게 회사 분위기를 느끼는 존재는 역시 중간 관리자입니다. 관리자들이 일상에서 실천할 수 있는 행동들을 정리해봅니다.

1. 열심히 듣는다

사람은 누구나 얘기를 들어줄 상대가 필요합니다. 아이디어, 궁금증, 불만사항, 걱정거리가 있을 때 누군가에게 털어놓지 못하면 답답해지니까요. 관리자가 평소 직원들이 하는 말을 잘 안 들어주면 직원들은 그만큼 마음속으로만 앓거나 자기들끼리 뒷공론을 많이 하게 되고, 관리자와 직원들 사이에 보이지 않는 벽이 생깁니다. 직원들의 얘기를 잘 들어주려면 사소한 부분에 신경을 써야 합니다. 직원이 말하고 있을 때 핸드폰을 본다든지, 말을 끊는다든지, 지루한 표정을 짓는 등의 행동을 보여서는 안 됩니다. 회의에서 가장 높은 사람이라면 중반부까지는 가능한 한 얘기하지 말고, 회의에 도움되는 말을 하는 직원에게는 '좋은 의견'이라고 격려해주는 것이 좋습니다. 모든 사람이 참여하는 분위기라야 90년대생도 입을 엽니다.

아직 꼰대는 되고 싶지 않습니다

2. 부정적인 톤에 주의한다

관리자들 중에 냉소적이고 부정적인 말을 잘하는 사람들이 있습니다. 자기보다 높은 사람 앞에서는 부정적으로 말하지 않다가 부하직원들과 있을 때 그런 언어를 사용하죠. 부정적인 어투는 대화에 찬물을 끼얹는 효과가 있습니다. 대화 상대는 분노, 모멸감을 느끼더라도 상사가 하는 말에 제대로 대꾸하지 못하죠. 기껏해야 '어이구, 저 꼰대…… 내가 상대를 말아야지' 하고 마음속으로 되뇔 뿐입니다. 관리자 입장에서 비판적인 내용을 얘기하더라도 상대를 불쾌하게 만들지 않고 중립적인 언어로 충분히 표현할 수 있습니다. "최 대리, 그 문제는 좀 더 고민을 해보면 좋겠는데"라고 해도 될 것을, 굳이 "최 대리, 머리는 장식품으로 달고 다녀?"라고 얘기할 필요는 없습니다.

3. 정보를 충분히 공유한다

지식 기업에서 정보는 권력입니다. 요즘은 웬만한 정보는 전부 검색해서 찾을 수 있기 때문에 소수만 아는 내부 정보의 가치는 상대적으로 더 크게 느껴지죠. 일부 경영자나 관리자들은 정보를 통제하고 독점함으로써 자신에게 유리하게 활용하려고 하는 경우도 있습니다. 하지만, 정보가 투명하지 않으면 불확실성이 높아지고 이는 구성원들의 불안감을 높이는 요인으로 작용합니다. 우리나라의 대표적인 유니콘 기업 비바리퍼블리카의 이승건 대표는 언론 인터뷰에서 "수평 조직에는 임원만 아는 정보가 있으면 안 된다"고 얘기했습니다. 관리자는 직원들에게 필요한 정보를 최대한 공유를 해줘야 합니다. 회사가 자신들에게 숨기는 것이 없다고 생각해야 직원들은 덜 불안하게 느끼니까요.

4. 표정에 신경을 쓴다

심리적 안전감의 반대말은 '불안'입니다. 불안과 같은 부정적 감정은 쉽게 전염이 됩니다. 누군가 불안해하면 주변 사람들도 덩달아 불안을 느끼는데, 인간들이 '거울 신경mirror neuron'을 많이 가지고 있어서입니다. 불안을 없애는 가장 좋은 방법은 미소를 짓는 것입니다. 웃는 표정은 불안 상태가 아니라는 신호로 해석됩니다. 업무상 고객사를 방문했을 때도 그 회사 직원들의 표정이 굳어 있으면 좋지 않은 징조라고 하죠. 반대로 삼삼오오 웃으며 대화하고 있는 회사는 잘될 가능성이 높습니다. 사람들의 불안감이 얼굴에까지 드러나는 상태에서는 창의적으로 업무에 몰입을 할 수 없다는 전문가들의 지적도 있습니다. 그러므로 리더부터 찡그리고 짜증난 표정보다는 살짝 웃는 표정을 짓고 직장 생활을 하는 것이 좋습니다.

5. 실수를 인정한다

직원들이 문제를 숨기지 않고 얘기하기를 원한다면 관리자부터 먼저 그런 모습을 보일 수 있어야 합니다. 상사가 "내 생각이 짧았다"라거나 "그건 내가 몰랐다"라고 솔직하게 말하면 직원들은 관리

아직 꼰대는 되고 싶지 않습니다

자의 용기와 진심을 알게 되고, 자신들도 실수에 대해 너무 걱정하지 않게 됩니다. 많은 관리자들이 이런 행동을 어렵게 생각하는데, 자신의 권위를 의식해서일 가능성이 높습니다. 상사도 똑같은 사람이고, 실수도 하고 취약한 면도 있다고 직원들이 느껴서 관리자에게 나쁠 것이 없습니다. 결점 없는 상사로 보여야 한다는 강박을 가질 이유가 없습니다. 오히려 완벽하지 못한 면모를 드러내주는 것이 인간적으로 느껴질 수 있습니다. 모르는 것이 있을 때 직원들에게 편안하게 물어볼 줄도 알아야 합니다.

6. 과도한 질책은 삼간다

어떤 관리자는 부하들을 '강하게 키운다'며 혹독하게 야단을 치는 경우가 있습니다. 잘못한 것은 분명히 지적하고, 더 잘할 수 있도록 피드백을 주는 것은 필요합니다. 하지만, 목표가 직원 역량이나 경험에 비추어 적당했는지, 상사로서 충분한 지원을 했는지, 예상치 못한 상황의 변화가 있었는지 등을 고려하지 않고 민망할 정도로 질책을 하는 것은 잘못입니다. 90년대생들은 직장에 발을 들여놓기 전까지 10여 년 동안 끊임 없는 경쟁과 평가 속에서 살았습니다. 이들에게 '너무 나간' 질책을 하면 내적으로 무너지거나 아니면 자기방어적이 되기 쉽습니다. 일단은 괜찮다거나 다음에 잘하면 된다며 다독여주고, 다음에 어떻게 하면 좋을지에 대해 대화를 시도하는 것이 좋습니다.

7. 갈등을 적절히 조율한다

조직 안에 갈등이 없을 수는 없습니다. 성격, 가치관, 이해관계, 일하는 방식이 다른 여러 사람이 모여서 일하다 보면 부딪치는 일이 생길 수밖에 없죠. 갈등의 당사자들은 대개 비난, 공격, 반박, 외면, 회피 등 불완전한 방법으로 자기에게 유리한 결과를 얻으려고 합니다. 첨예한 갈등을 중재한다는 것은 골치 아프고 신경 쓰이는 일입니다. 그래서 '알아서 해결하라', '어느 한쪽이 양보해라', '조용히 덮고 넘어가자' 같은 식의 미봉책을 생각하는 관리자도 많습니다. 하지만, 이런 방식은 갈등을 풀지 못하고 조직 내 불안감을 키우게 됩니다. 관리자는 갈등을 빚는 구성원들의 서로 다른 주장과 입장을 객관적으로 파악하여 적절히 조율하도록 노력할 필요가 있습니다.

8. 팀 빌딩을 통해 긴장을 푼다

조직 내 갈등은 '긴장 → 갈등 → 대결 → 파멸'의 순서를 거치며 심화된다고 합니다. 이미 갈등이 표면화된 상황에서는 중재와 협상을 통해 해결을 해야겠지만, 가능하면 갈등이 문제가 되지 않도록 긴장을 미리 줄일 수 있다면 더 바람직하겠죠. 사람들 사이의 긴장과 스트레스를 해소하는 데에는 공식적인 방식보다 비공식적인 소통과 팀 빌딩이 더 효과적입니다. 방법은 다양합니다. 떡볶이와 순대를 포장해 사무실에서 수다를 겸한 간식 타임을 갖거나, 직원들끼리 팀을 짜서 게임을 해볼 수도 있습니다. 중요한 프로젝트

아직 꼰대는 되고 싶지 않습니다

사이클이 끝났을 때 식당을 빌려 파티를 하는 것도 좋고, 날씨가 좋을 때 사무실 옆 공원에 산책을 나가 콜드브루 커피를 함께 마시는 것도 어렵지 않은 방법입니다.

자존감이 활기를 부른다

자존감self-esteem은 자기 스스로를 평가했을 때 갖게 되는 긍정적인 느낌입니다. 미국의 의사이자 철학자인 윌리엄 제임스William James 가 1890년대에 처음 사용했지요. 이 주제를 오랫동안 연구한 심리학자 내서니얼 브랜든Nathaniel Branden은 자존감의 실체를 두 가지로 구분했습니다. 자기효능감self-efficacy('나는 능력 있어')과 자기가치감self-worth('나는 괜찮은 사람이야')입니다. 온라인 서점에서 '자존감'이라는 단어로 검색을 하니 500개도 넘는 추천 상품이 뜹니다. 그만큼 자존감에 대한 사회적 관심이 뜨겁다는 얘기입니다.

자존감은 학업, 업무, 일상 생활, 위기 극복, 대인 관계 등 삶의 전반에 큰 영향을 미치기 때문에 중요합니다. 우리나라 고등학생들을 대상으로 조사했을 때 자존감이 가장 높은 그룹의 89.3%는 대인 관계도 가장 좋은 그룹에 속했고, 자존감이 낮은 그룹은 78%

가 대인 관계 수준 역시 낮은 것으로 나왔습니다. 자존감이 높은 직원들이 회사에서는 어떤 모습일까요? 일 잘하고 활기 넘치고 대인관계도 원만합니다. 또한 자기주장도 뚜렷하고 웬만한 문제에는 의기소침하지 않으며 회사 일에 적극 참여합니다.

미국 미시간대학교 경영대학원 교수 그레첸 스프리처Gretchen Spreitzer는 이런 특성을 보이는 직원들은 그렇지 않은 직원들과 비교해 평균적으로 업무 성과가 16% 높고, 피로감을 호소하는 경우는 125% 적으며, 조직 헌신도는 32% 높았다고 합니다. 스프리처 교수는 자존감이 높은 직원일수록 활력vitality, 학습learning 두 가지에서 모두 높은 수준을 보인다는 것을 밝혔고, 이 두 가지 요인 사이에는 상승 작용이 있다는 점도 강조했습니다.[10]

자존감을 뒤집으면 열등감입니다. 자존감이 바닥을 칠 때 사람들은 종종 극단적인 선택을 합니다. '지금 이 상황을 도저히 견딜 수 없어', '나 같은 인간은 없어져도 상관없어' 같은 생각을 이기지 못하고 자기 목숨을 끊는 것입니다. 안타깝게도 우리나라는 자살률이 매우 높습니다. OECD 국가 중 인구 10만 명당 자살자 수가 가장 많습니다. 2019년 기준 24.7명이었는데, 이는 OECD 평균 11.5명의 두 배가 넘는 것입니다. 10대, 20대, 30대에서는 사망 원인 1위가 자살이고, 응급실에 내원하는 자살 시도자 수는 20대가 제일 많습니다(2017년 기준 5942명). 생활고가 주된 원인인 노령 자

10. Gretchen Spreitzer, Christine Porath, Creating Sustainable Performance, Harvard Business Review, Jan/Feb 2012.

살과는 달리, 10~30대 자살의 이유는 주로 정신적인 것입니다. 잘 갖춰진 국민보험 체제와 선진 수준의 의료 기술, 매년 실시되는 정기검진으로도 막지 못하는 것이 자살입니다.

1970년대 미국의 교육계에서는 학업 성과를 높이고 학내 문제를 예방하기 위한 일환으로 자존감 증진 교육을 많이 했습니다. 이런 정책은 자존감과 학업 성과 간에 긍정적인 상호관계가 있다는 믿음에 기반하고 있었지요. 하지만, 나중에 연구를 더 해보니까 자존감이 높은 것은 '원인'이 아니라 '결과'라는 것이 밝혀졌습니다. 즉, 자존감이 높은 아이들이 공부를 잘하는 것이 아니라 학교 생활을 잘하고 좋은 성적을 얻어서 높은 자존감을 얻는 것으로 나타났습니다. 그렇기 때문에 자존감을 높이기 위해 '너는 정말 특별해', '너는 잘하고 있어' 식의 근거 없는 칭찬을 해봤자 학업 성과가 높아지지는 않고 나르시시즘narcissism만 높이는 결과로 이어진다는 겁니다.

불의의 사고로 커다란 정신적 충격을 겪으면 '외상 후 스트레스 장애post traumatic stress disorder'를 겪습니다. 하지만, 자존감이 높을수록 충격을 겪더라도 이를 잘 극복하고 오히려 더 성숙해지는 계기로 삼는 경우가 있다고 합니다. 이를 '외상 후 성장post traumatic growth'이라고 합니다. 자존감이 높으면 심리적 적응 능력과 및 긍정적인 인지 조절 능력이 높아서 위험한 사건 및 충격을 경험했을 때 담담히 받아들이고 교훈을 얻습니다. 심리학자들은 자존감의 기틀이 어린 시절에 마련되지만 경험에 따라서 자존감은 변화할 수 있다고 말합니다. 자신의 노력이 좋은 결실을 맺거나, 주변 사람들과 좋은 관계를 맺거나, 뜻하지 않은 호의를 경험하면 자존감이 높아집니다. 반대로 하는 일에서 반복적으로 실패와 좌절을 경험하거나 생활에 쪼들리고 관계에서 소외나 상처를 경험하면 자존감은 무너질 수 있습니다. 자존감이 '있다', '없다', '많다', '적다'와 같이 표현하는 것은 우리가 자존감을 양量의 개념으로 이해한다는 것입니다. 주어져서 불변하는 것이 아니라, 환경과 노력에 의해 바뀔 수 있다는 얘기입니다.

무엇이 자존감을 위협하는가

70년대에 태어나 90년대 중반에 대학을 졸업한 제 경우는 '자존감'이라는 단어를 자라면서 한 번도 들어본 적이 없습니다. 우리나라는 1인당 국민 총소득이 1970년에 280달러, 1980년에 1860달러, 1990년에 6360달러였고, 1995년에 1만 1600달러를 기록하여 사상 처음으로 '1만 달러 시대'를 맞이했죠. 그만큼 1990년 전에는 우리나라에 잘사는 사람이 별로 없었고 형편이 비슷비슷해서 자존감을 따지고 말고 할 시대가 아니었습니다. 하지만, 90년대 접어들면서 중산층이 늘어났고 주머니가 두둑해진 사람들은 자식 농사에 돈을 쏟아 부었습니다. 특별히 잘나지 않아도 모든 사람은 가치가 있고 소중한 존재라는 생각이 우리나라에서 점차 일반화되었습니다. 옛날에는 특수한 가치였던 자존감이 이제는 보편적 가치가 된 것입니다. 그런 기대 속에서 성장한 90년대생들이 몇 년 전부터 우리 조직에 본격적으로 들어오고 있습니다.

하지만, 90년대생 직장인들 앞에 펼쳐진 회사의 모습은 녹록지 않습니다. 평생 직장은 기대도 안 하지만, 조직이 너무 안정적이지 못합니다. 구조조정은 상시화되어 있고 동료, 선배 할 것 없이 경쟁자입니다. 공채로 입사한 동기들은 몇 년만 지나면 퇴사하고, 대부분 경력직들과 서먹서먹하게 일합니다. 적은 인원으로 많은 일을 시키는 회사는 KPIkey performance indicator, 즉 핵심성과지표를 해마다 늘입니다. 너무 일에 파묻혀 살면 안 되겠다 싶어 나름대로 외부로 네트워킹도 하고 자기계발도 하는 등 발버둥을 쳐봅니다. 하지만, 디지털 트랜스포메이션이다 4차산업 혁명이다 하며 밀려오는 변화의 물결 속에서 '나는 괜찮을까?' 하는 걱정이 앞섭니다. 게다가 직장 생활에서 이들의 자존감을 직간접적으로 위협할 수 있는 다음과 같은 요인들도 이들을 힘들게 합니다.

1. 지시, 명령 위주의 업무

모든 일에 대해 일일이 지시받고, 실행한 결과를 보고하고, 지적받은 것을 고치는 방식의 업무는 업무의 주도권을 전혀 갖지 못하게 하는 것입니다. 직원 입장에서 '자기통제권'을 느끼지 못하게 되죠. 시키니까 할 수 없이 하긴 하지만, 꼭 필요한 이상 열심히 하고 싶은 마음이 생기지 않습니다. 당연히 성과도 나지 않고 성취감도 느끼기 어려워, 자존감이 생길 수 없는 구조가 됩니다.

아직 꼰대는 되고 싶지 않습니다

2. 무례한 언행

직장 내에서 힘 있는 사람들의 무례한 행동이나 말에 상처를 받게 되면 자존감이 떨어집니다. 이런 경험을 한 직원은 업무에 제대로 몰입하지 못하고, 트라우마에 시달립니다. "일을 이 따위로 하나!"라거나 "유치원생도 이런 식으로는 안 하겠군!" 같은 식의 언어폭력. 유령처럼 본체만체하는 것. 개인적인 심부름을 시키는 것 등이 모두 무례함의 사례입니다. 나이가 어리고 경험이 상대적으로 적다고 해서 사람을 무례하게 대해서는 안 됩니다.

3. 줄세우기식 평가

직원들을 줄세워서 평가하는 방식은 쉽고 정량적이라는 이유로 아직도 많은 기업들이 쓰고 있습니다. 다른 사람과 비교해서 평가하면 경쟁 심리를 유발하여 열심히 할 것이라고 생각하는데, 실제로는 그런 효과는 거의 없고 높은 등급을 받지 못한 직원들의 자존감 저하, 좋은 평가를 위한 줄서기, 직원들 간의 불필요한 경쟁 등부작용이 많습니다. 평가가 효과 있으려면 기여에 대한 인정과 개선을 위한 구체적인 피드백 중심으로 되어야 합니다.

4. 차별 대우

능력과 성과에 따른 차등은 필요하지만, 그 외의 이유로 구성원을 차별해서는 안 됩니다. 하지만, 직장인 2만 명 이상이 참여한 2019년 잡플래닛 조사에 따르면 응답자의 47.4%가 직장에서 임금, 복지, 업무, 승진, 해고 등 여러 면에서 성에 따른 차별이 존재한다고 생각합니다. 대놓고 법을 위반하는 것은 물론이고 특정한 사람에게 편의, 특혜, 우선권을 주는 것도 모두 차별로 인식되고 자존감을 해칩니다.

5. 변하지 않는 현실

자존감이 떨어지는 또 다른 이유는 불만족스런 현재에 갇히게 되는 경우입니다. 현실이 아무리 어려워도 가까운 미래에 달라질 가능성만 있다면 희망을 가질 수 있겠지요. 하지만 참고 기다려도 상황이 달라지지 않을 것이라는 생각, 그리고 현실을 바꾸기 위해 자신이 할 수 있는 것이 없다는 생각이 들면 자존감은 무너질 수밖에 없습니다. 90년대생 직장인들을 잃지 않기 위해서는 그들의 자존감을 꺾는 것이 무엇인지 귀를 기울여야 합니다.

자존감은 일차적으로 본인의 책임입니다. 성인의 자존감을 타인이 어떻게 해줄 수는 없는 일이죠. 하지만, 사람들이 자존감을 지키면서 직장 생활을 할 수 있도록 여건을 조성하는 것은 얼마든지 가능합니다. 그것이 기업문화의 한 부분이기도 하고요. 그런데, 자존감이라는 문제를 둘러싸고 90년대생과 기성세대가 느끼는 온도 차이가 있습니다. 기성세대는 별것 아니라고 생각하고 한 말이나 행동이, 90년대생이 받아들이기에는 자존감에 상처가 된다는 것입니다. 기성세대가 일부러 90년대생의 자존감을 긁으려고 할 리는 없겠죠. 다만, 과거와는 전혀 다른 방식으로 행동하고 말하며 성장해 조직에 진출한 90년대생들에게는 자존감에 상처를 줄 수 있다는 것입니다.

그리고 주변에 자신을 챙겨주는 멘토를 갖는 것은 자존감에 큰 도움이 됩니다. 이에 대해서는 심리학자 에이미 워너Amy Werner의 연구가 좋은 증거가 됩니다. 워너 교수는 40년에 걸친 장기 연구를 통해 한 지역의 아동들의 성장 과정을 추적했습니다. '열악한 환경에서 성장한 아이들이 결국 사회에 제대로 적응하지 못하는 성인이 될 것'이라는 가설을 가지고 시작했지요. 하지만, 놀랍게도 전체 연구 대상의 3분의 1 정도는 아무 문제 없이 정상적인 사회 생활을 영위하는 성인으로 성장할 수 있었습니다. 원인을 분석했더니 가난, 질병, 범죄, 알코올중독 등 나쁜 환경 속에서 자란 아이라도, 가족이나 친척 중 자신을 이해해주고 지지해주는 어른이 최소한 명이라도 있는 경우에는 엇나가지 않을 확률이 높았다는 것입니다.

물론, 이런 연구 결과가 성인이 되어 직장 생활을 시작한 90년대생에게도 완전히 똑같이 적용되지는 않을 수 있습니다. 하지만, 어떤 조직 안에 새로운 구성원으로 들어간 사람은 항상 그 조직의 '사회화' 과정을 거쳐야 하기 때문에 성장을 앞둔 아동과 비슷한 면이 있습니다. 성인인 조직원도 계속 성장을 해야 성숙하고 유능한 직장인으로서 성공할 수 있는 것이니까요. 그렇기 때문에 선배나 관리자들은 90년대생을 대할 때 가능한 한 긍정적 언어를 쓰는 것이 좋습니다. '넌 할 수 있다', '너를 믿는다' 같은 말을 자주 쓰는 것이 자존감을 쌓는 데 도움이 됩니다. 한국 사람들은 흔히 '기가 죽었다', '기가 살았다', '기를 꺾으면 안 된다'와 같은 표현을 쓰는데, 바로 그 '기氣'가 충만한 상태가 곧 높은 자존감을 지니는 것과 다르지 않다고 생각합니다.

아직 꼰대는 되고 싶지 않습니다

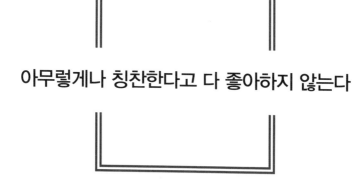

아무렇게나 칭찬한다고 다 좋아하지 않는다

미국 위치타주립대학교 경영학과 교수 제럴드 그레이엄Gerald Graham은 1500명의 직장인을 대상으로 동기부여 요인을 조사했습니다. 직장인들이 동기부여가 된다고 느끼는 요인이 무엇인지 확인하기 위해서였죠. 1위는 무엇이었을까요? '자신의 기여에 대해 직장 상사가 진심 어린 격려의 말을 해주는 것'이었습니다.

또 다른 조사에서는 칭찬의 주체에 대해 질문했습니다. 회사의 CEO와 직속상사 중 어느 쪽으로부터 칭찬을 받는 것이 더 좋냐는 질문이었죠. 직속상사를 택한 응답자는 57%, CEO를 택한 응답자는 21%였습니다. 똑같은 칭찬도, 누가 하느냐에 따라 효과가 달라질 수 있다는 얘기이고, 직급이 높은 임원보다 평소 가깝게 일했던 직속 상사의 칭찬에 직원들은 더 큰 의미를 둔다는 것입니다.

한국에서의 조사도 비슷한 결과를 보입니다. 한 취업 포털의 조사에 따르면, 우리나라 직장인들이 하루를 기분 좋게 시작하는 경우가 언제인지 물었을 때 '업무 능력에 대해 칭찬을 받았을 때'라고 한 응답자가 가장 많았고(55.8%, 중복 응답) 그다음으로 '기대하지 않았던 사람으로부터 반가운 인사를 들었을 때'(24.2%)를 꼽았습니다.

흔히 90년대생들을 '트로피 키즈Trophy Kids'라고 합니다. 어린 시절부터 학교나 학원뿐 아니라, 각종 운동, 시합, 경진 대회 등에 참여해서 트로피, 상장, 메달 등을 열 몇 개 안 타본 사람이 거의 없기 때문입니다. 어쩌면 이들은 칭찬을 듣는 것이 습관이 되어서 웬만한 칭찬에는 무덤덤해졌을지도 모를 일입니다. 그래서 90년대생을 향한 칭찬으로 "잘했어!" 같은 한마디는 별 효과가 없습니다. 이것은 한국만의 현상도 아닙니다. 미국에서는 MZ세대를 두고, '역사상 가장 많은 칭찬을 받고 큰 세대the most praised generation'라고 표현합니다. 중국에서도 80년대, 90년대생을 '바링허우八零后', '주링허우九零后'세대라고 하는데, 어려서부터 '소황제小皇帝'라 불리우며 어른들에게 떠받들어지며 자란 세대들이죠.

《칭찬은 고래도 춤추게 한다》는 자기계발 및 리더십 분야의 유명 작가 켄 블랜차드Ken Blanchard 박사가 쓴 베스트셀러의 제목입니다. 블랜차드의 이름이나 그의 '상황적 리더십situational leadership' 이론은 몰라도, '칭찬이 고래를 춤추게 한다'라는 말은 남녀노소 모르는 사람이 거의 없을 듯합니다. 하지만 칭찬과 관련해서 이 말만큼 남용된 표현도 없다고 생각합니다. '칭찬만 하면 고래도 춤을 추는데 사람한테는 무엇인들 못 시키겠느냐'는 의미로 해석할 때 자첫하면 칭찬으로 사람을 길들인다는 뉘앙스가 묻어나기 때문입니다. 아직 자의식이 완성되기 전의 어린아이들에게는 이런 맹목적인 칭찬도 효과적일지 모르지만, 성인으로서 복잡한 사회 관계 안에 놓인 직장인들에게 무조건적인 과잉 칭찬이 효과적일 것이라고 생각하기는 어렵습니다.[11]

칭찬으로 동기부여 효과를 높이려면

90년대생을 동기부여하기 위해 칭찬을 하기 전에 칭찬의 메커니즘을 조금 이해할 필요가 있습니다. 우선 어떤 일을 잘해서 칭찬을 해주면 성취감을 느끼게 된다는 기본 사실은 틀림없습니다. 2008년 한 신경과학 분야 학술지에 발표된 논문에 따르면, 컴퓨터에 입력된 프로그램에서 흘러나오는 칭찬 소리("잘했어!")만 들어도 실험 대상자의 뇌에서는 (복권 당첨과 같은) 금전적 횡재와 관련된 영역이 활성화된다는 것이 밝혀졌습니다.[12] 하지만, 이것은 칭찬에 중독이 될 수 있다는 것을 의미하기도 합니다. 중독은 '의존성'이 생기는 것을 말하는데, 의존성이 높아지면 동일한 양의 자극에 만족하지 못하고 점차 빠져들어가게 됩니다. 도박에 빠지는 사람들이 헤어나오지 못하는 것은 도박이 엄청 즐거워서가 아니라, 중독되어

---

11. 블랜차드 박사의 책 앞부분에는 미국 올랜도 씨월드Sea World에서 공연하는 살인 고래Killer Whale 샤무Shamu의 관찰기가 등장하는데, 이 고래는 나중에 몇 차례 트레이너를 물어 죽였습니다. 원인은 정확하지 않지만, 스트레스로 인한 것으로 알려져 있습니다.

12. Keise Izuma, Daisuke Saito, Norihiro Sadato, Processing of Social and Monetary Rewards in the Human Striatum, Neuron, 58.

자제력을 잃어서 그런 것입니다. 바로 이런 측면이 관리자들이 칭찬을 할 때 염두에 둬야 하는 부분입니다. 칭찬에 대한 의존성을 높이지 않으면서도 동기부여 효과를 거두는 방법을 고민해야 하는 것이지요. 이제 그 구체적인 실천 방법을 살펴보겠습니다.

1. 성취에 대해서만 칭찬한다

칭찬을 남발하지 않으면서 효과적인 칭찬을 하는 방법은 정말 축하할 만한 성취를 했을 때만 칭찬을 하는 것입니다. 그리고 뚜렷한 성과를 냈는데 칭찬을 안 하고 넘어가면 그것도 부정적 시그널로 해석되기 때문에 주의해야 합니다. 90년대생은 아직 상대적으로 적은 책임을 맡고 있을 수 있기 때문에 그들이 어떻게 일을 하고 있고 어떤 성취를 거뒀는지를 알려면 평소 직원의 상황에 대해 주목과 관심을 기울일 필요가 있습니다. 예를 들어 영업을 담당하는 신입 직원이 자기 힘으로 첫 수주를 따냈다면 비록 그것이 단돈 수십만 원의 작은 계약이라도 의미있게 칭찬과 축하를 해줄 필요가 있습니다.

2. 진심을 담아 구체적으로 칭찬한다

칭찬을 받을 정도의 일을 한 직원은 이전에도 칭찬을 많이 받아봤을 가능성이 높습니다. 그래서 빈말로 하는 칭찬은 금방 알아챕니다. 함량이 떨어지는 칭찬을 들으면 제대로 인정받았다는 느낌이 들지 않고 뭔가 허전하다고 생각합니다. 기왕 칭찬을 하면서 이

아직 꼰대는 되고 싶지 않습니다

런 미지근한 효과가 생기도록 할 필요는 없지요. 똑같은 칭찬에 진심이 담기도록 하는 방법은 '구체성'을 높이는 것입니다. 예를 들어, 어려운 고객 미팅에 잘 대응했을 경우, 잘했다고 하고 마는 것보다, "고객 담당자가 까다로운 질문을 던지는데도 집중력을 잃지 않고 침착하게 답변을 해서, 도움이 많이 되었다"라는 식으로 칭찬하는 것이 좋습니다. 이렇게 구체적으로 말하면, '뭘 알고 칭찬하는구나'라고 생각하겠지요.

3. 상대가 의미를 두는 것에 맞춘다

모든 칭찬이 다 같을 수는 없습니다. 자기가 인정받고 싶은 부분에 대해 칭찬을 해야지, 전혀 관심 없는 부분을 칭찬하는 것은 마치 등이 가려울 때 어깨를 긁어주는 것과 같습니다. 직원은 데이터와 분석에 심혈을 기울여서 프레젠테이션을 했는데, "자료가 아주 컬러풀해서 보기 좋았어!"라고 하면, 칭찬과는 거리가 먼 코멘트가 되는 식입니다. 90년대생은 기성세대와 취향이나 가치 지향이 상당히 다르기 때문에 더욱 이런 실수를 하기 쉽습니다. 이런 실수를 하지 않으려면 평소 직원에 대한 관찰과 경험치가 쌓인 다음에 의미 있게 칭찬을 하는 것이 좋습니다.

4. 성장에 대한 기대를 포함한다

칭찬은 기본적으로 과거지향적입니다. 칭찬을 받고 나면 끝입니다. 칭찬의 효과가 지속성을 갖게 하려면 칭찬이 어떤 기대로 연결

되어야 합니다. "한 달은 걸릴 줄 알았는데, 2주 만에 끝낸 것은 고무적이야. 이런 식으로 배우면, 몇 달 안에 프로젝트 리딩을 맡길 수 있을 것 같으니 계속 열심히 해." 이런 식으로 얘기한다면 어떨까요? 칭찬의 효과가 순간으로 끝나는 것이 아니라, 성장에 대한 자기 열망으로 전환되어 장기간 지속될 수 있습니다. 새로운 일을 배우고 지식과 스킬이 늘어갈 때 느끼는 만족감은 단순한 립 서비스 차원의 칭찬과는 차원이 다릅니다. 자존감과 자신감을 높이고, 오랫동안 지속할 수 있는 힘을 주기 때문입니다.

5. 기여했다는 점을 강조한다

직장에서의 칭찬에 대한 기성세대의 관점은 '높은 사람에게 인정받는 것'이라는 이미지에 머물러 있는 경우가 많습니다. 그래서 임원이나 대표이사가 칭찬을 했을 때 더 자랑할 만한 칭찬이라고 생각을 하죠. 하지만, 90년대생은 조직의 위계, 권위에 큰 의미를 두지 않는 편입니다. 얼마나 높은 사람의 칭찬을 받았다는 것이 중요한 것이 아니라, '내가 조직에 기여를 했구나' 혹은 '나도 이 팀에 필요한 사람이네' 하는 생각이 들도록 하는 것이 더 중요하죠. 이런 느낌을 주는 칭찬은 일을 잘했다는 것 자체보다는, 그로 인해서 부서, 회사, 고객이 어떤 혜택을 얻게 되었다는 점을 강조할 필요가 있습니다. 예를 들어, 다음과 같이 칭찬하는 것이죠. "이번 신제품 출시를 성공적으로 추진해준 덕에 우리 회사 위상이 올라갔어. 계속 더 수고해줘."

아직 꼰대는 되고 싶지 않습니다

6. 섣부른 칭찬에 주의한다

'신상필벌信賞必罰'. 잘하면 상을 주고, 잘못하면 벌을 준다는 말입니다. 옛날에 경영을 하시는 분들이 즐겨 쓰는 표현이고, 조직 관리의 철칙이기도 합니다. 하지만, 동기부여 관점에서 한 가지는 따져볼 필요가 있습니다. 만약 한 사람에게 상과 벌을 동시에 준다면 어떨까요? 감정에 대한 인간의 심리를 생각한다면, 부정적인 것이 긍정적인 것을 압도하기 때문에 벌을 받았다는 것만 기억에 남습니다. 칭찬도 마찬가지입니다. 칭찬을 했다가 곧바로 질책을 하면 원래 칭찬했던 효과가 사라지거나 역효과가 납니다. 만약 꼭 해야 하는 상황이라면, 먼저 칭찬을 한 후 잘못된 부분에 대해서도 개선을 요구하는 것이 좋습니다.

7. 수직적인 칭찬이 되지 않도록 한다

일반인이 가수에게 "어쭈, 노래 좀 하는데!"라고 얘기하면 어떨까요? 아마 칭찬이 아니라 모욕이라고 느낄 것입니다. 일반인이 가수의 노래실력을 평가할 위치가 아니기 때문입니다. 이렇게 칭찬이나 인정은 일종의 '평가'라는 뉘앙스가 있습니다. 표현하기에 따라서 말입니다. 칭찬의 내용이 같더라도, 수직적으로 내려 받는 칭찬보다는 대등한 입장에서 인정하고 응원하는 형태의 칭찬이 마음에 와닿습니다. 이때의 칭찬은 고마운 마음을 표현하는 것과 같기 때문에 진실성도 크고, 듣는 사람 입장에서 자기가치감을 더욱 높일 수 있습니다. 칭찬을 하는 사람이 상위자임에도 불구하고 수평적으로 칭찬을 한다면 가장 효과가 좋을 것입니다. 방법은 칭찬의 말 속에 "……해서 고맙다"라는 말을 꼭 포함하는 것입니다.

8. 타이밍을 놓치지 않는다

칭찬이 필요한 시점으로부터 시간이 꽤 지나서 칭찬을 하는 것은 아무래도 김이 빠질 수밖에 없습니다. 한번은 제가 만든 보고서를 들고 팀장님이 대표이사 보고를 한 적이 있습니다. 저는 그날 출장 중이어서 다음 날에야 보고 결과를 알게 될 것으로 기대하고 있었는데 갑자기 "부회장님 대만족, 정말 수고했습니다!"라는 문자를 받았습니다. 팀장이 보고가 끝나자마자, 대표이사 집무실 밖에서 바로 핸드폰으로 문자를 보내준 것이었죠. 어찌나 기분이 좋았던지 10년이 지난 지금도 생생하게 기억납니다. 기왕 할 칭찬이면 묵혀두지 말고 그때그때 가능한 방법으로 메시지를 전달하는 것이 좋습니다. 이럴 때는 얼마든지 카카오톡으로 연락을 해도 좋을 것입니다.

9. 평소의 신뢰를 바탕으로 칭찬한다

같은 내용의 칭찬이라도 그것이 누구의 입에서 나오느냐에 따라 받아들이는 것이 다릅니다. 평소 자신을 잘 알고, 신뢰가 쌓여 있는 사람이 하는 칭찬이 더 신뢰할 수 있습니다. 평소에는 대화도 잘 안 하던 상사가 갑자기 어떤 단편적인 사실만 가지고 칭찬을 하는 것은 그렇게 반갑게 다가오지 않습니다. 따라서, 관리자는 가급

아직 꼰대는 되고 싶지 않습니다

적 업무에 대한 '상사'보다는 '멘토'로서의 관계를 유지하는 것이 좋습니다. 만약, 그것이 현실적으로 어렵다면 다른 멘토를 구해주는 것도 방법입니다. 관리자가 많은 직원을 이끌어야 하고 업무를 대부분 위임했을 때는 더욱 그렇습니다. 직장에서 멘토링을 충분히 받는 직원들일수록 조직에서 존중받는다는 느낌을 받는다는 연구도 있습니다.

팀의 일원이라고 느끼는 것이 왜 중요할까?

책 앞부분에서 90년대생들도 직장 내 친밀감은 중요하게 생각하면서 한편으론 그것이 너무 사적인 영역까지 확대되는 것은 부담을 느낀다는 얘기를 했지요. 이 문제는 '자유'와 '외로움'이라는 인간의 근본적이고 보편적인 고민에 닿아 있습니다. 조직 안에서 사람 사이의 관계가 어려운 이유는 어느 정도가 적당한 거리를 유지하는 것인지 판단하기 쉽지 않기 때문이죠. 거리가 너무 가까우면 자유가 없어지고 통제받는다는 느낌이 강하고, 거리가 너무 멀어지면 서로 소원해져서 외롭거든요.

걸그룹 '핑클'의 리더였던 이효리가 MBC 예능 〈라디오 스타〉에 출연해서 명언을 남겼죠. "조용히 살고 싶은데, 잊혀지고 싶지는 않아요." 방송, 공연, 광고 등으로 벌만큼 벌고 사랑하는 남자와 결혼해 제주도에서 세상일 신경 안 쓰면서 편안하게 살 수 있지만,

아직 꼰대는 되고 싶지 않습니다

그래도 대중들로부터 완전히 잊혀진 채 외롭게 살기는 싫다는 얘기죠. 조직 상황에 대입하더라도 어렵지 않게 공감할 수 있는 얘기라고 생각합니다.

그렇다면 90년대생에게는 자유와 외로움 중 어떤 것이 더 절실한 문제일까요? 저는 외로움이라고 생각합니다. 자유를 얻는 것이 외로움에서 벗어나는 것보다 훨씬 쉽기 때문이죠. 우선 지금은 과거처럼 자유가 희소한 시대가 아닙니다. 특히, 모든 것의 중심을 자기 자신에 두는 90년대생들은 어떻게 하면 자유를 누릴 수 있는지 잘 압니다. 사람은 물이 없으면 하루 버티기도 어렵지만 수도꼭지만 틀면 물이 콸콸 쏟아져 나오니 그게 당연하다고 생각하잖아요? 마찬가지입니다.

취업이 예전보다 많이 어려워지긴 했지만, 일단 취업이 된 사람들은 얼마든지 그만둘 자유가 있습니다. 특히 젊고 유능하고 인건비도 아직 너무 높지 않은 경력 3~8년차 정도의 직장인은 기업들이 없어서 못 뽑습니다. 특히 IT개발이나 마케팅 같은 핫한 직군에서는 젊은 직원이 한 회사에 3년 이상 다니면 '왜 안 옮기나?' 하고 생각할 정도입니다. 가만히 있어도 헤드헌팅 회사에서 계속 전화와 이메일이 옵니다. 그러니 조직이 개인의 자유를 억누른다는 것은 생각도 하기 어렵습니다.

개인의 선택과 행동으로 얻을 수 있는 자유와는 달리 외로움은 혼자 해결할 수 없는 것입니다. 젊은 2030 세대가 중장년층보다 외로움에 더 취약하다는 것은 책 앞부분에서도 조사 결과를 통해 언급했습니다. 최근에 혼술(술 마시기), 혼밥(밥 먹기), 혼영(영화 보기) 등 혼자 하는 일이 많아지는 트렌드는 외로움을 '고독'이라고 하는 긍정적인 가치로 전환시키려는 청년층의 노력일 수도 있습니다. 카카오톡과 인스타그램을 한 시도 끄지 않고 지내지만, 그 안에서 맺어진 관계는 대부분 껍데기뿐인 관계인 경우가 많습니다. 예를 들어, 우리나라 20대의 카카오톡에 등록된 '친구' 수는 평균 254명 이지만 정말 편하게 연락할 수 있는 관계는 겨우 7.9%에 불과하다고 합니다. 아무리 혼자 놀기가 발달하고 모바일 터치 한 번으로 여러 채팅방을 종횡무진할 수 있다고 해도 실제 삶으로 엮인 관계에 대한 인간의 근본적인 욕구를 완전히 채울 수는 없는 것입니다.

직장인들의 사회적 욕구를 충족시키고 동기부여하기 위해서는 공동의 목표를 가진 팀의 일원이라는 의식을 가질 수 있도록 돕는 것이 최선입니다. 개인의 능력과 반짝이는 아이디어가 아무리 대단해도 팀의 시너지를 능가할 수는 없는 일이며, 여러 사람이 함께 머리를 맞대고 뭔가에 몰두하는 것만큼 사람들을 진정으로 결집시키는 것은 없기 때문입니다. 인류 역사는 영웅적인 소수의 개인들이 이뤄진 것 같지만, 막상 내막을 잘 알고 보면 정말 혼자서 위대한 업적을 이룬 사람은 거의 없습니다. 비즈니스 세계에서 고독한 천재의 상징과 같이 여겨지는 스티브 잡스조차 2003년 CBS 〈60분〉 인터뷰에서 이렇게 말한 적이 있습니다. "나의 비즈니스 모델은 비틀스The Beatles입니다. (……) 팀은 항상 멤버 개인들의 합보다 뛰어나죠. 탁월한 비즈니스 성과 또한 한 사람이 아니라 팀이어야 이룰 수 있는 것입니다."

소속감은 그냥 생기지 않는다

팀의 자율성을 높이면 팀원들의 감정 소모가 줄어서 업무에 더 잘 몰입할 수 있다는 연구가 있습니다.[13] 하지만, 그러기 위해서는 우선 팀 자체의 응집력이 높다는 전제가 있어야 한다고 합니다. 즉, 이미 팀 빌딩이 잘되어 있고 관계가 탄탄한 팀 안에서 자율성을 누릴 때 그것이 값어치 있다고 느낀다는 얘기입니다. 반대로, 쟁반 위의 모래알같이 전혀 결집력이 없는 팀원들이 제각각의 방식으로 자율성을 행사하기 시작하면 팀은 방향을 잃고 내적 불확실성에 빠져 생산성을 감소시키고 목표달성에 실패할 확률이 높아진다고 합니다.

응집력 있는 팀을 만들기 위해서는 조직 안에서 일부 구성원을 소외시키는 일이 없어야 합니다. 조직 내 따돌림이 직원의 동기부여를 얼마나 해칠 수 있는지에 대한 좋은 실증적인 연구가 있습니다. 미국 로스앤젤레스 캘리포니아대학교University of California, Los Angeles의 신경과학자인 나오미 아이젠버거Naomi Eisenberger는 집단 내 따돌림이 뇌에 미치는 영향을 실험을 통해 측정했습니다. 우선 세 명이 서로 공을 주고받는 컴퓨터 아바타 게임을 만들었는데,

13. H. Van Mierlo, C.G. Rutte, J.K. Vermunt, M.A.J. Kompier, J.A.C.M. Doorewaard, A multi-level mediation model of the relationships between team autonomy, individual task design and psychological well-being. Journal of Occupational and Organizational Psychology, 80: 647-664. doi: 10.1348/096317907X196886.

사회적 고통을 느낄 때 활성화되는 뇌 부위

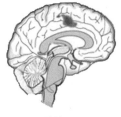

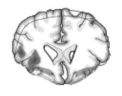

측면도   정면도

신체적 통증을 느낄 때 활성화되는 뇌 부위

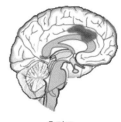

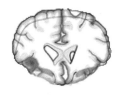

측면도   정면도

한 명만 실험 대상이었고 나머지 두 명은 미리 프로그래밍된 알고리즘이었습니다. 한동안은 셋이 골고루 패스를 주고받다가 중반이 지나면서 실험 대상자에게만 공을 주지 않도록 설계를 했죠.

게임에서 따돌림을 당한 실험 대상자의 뇌를 실시간으로 기능성자기공명영상fMRI 장치로 분석하자, 배측전대상피질dorsal anterior cingulate cortex이라고 하는 부위가 뚜렷이 활성화되었습니다. 그 부위는 사람이 신체적인 고통을 겪을 때 활성화되는 부위와 일치합니다. 그룹 안에 속하지 못하고 따돌림을 당한다는 느낌이 뇌가 인식하기에는 피부에 상처가 나거나 뼈가 부러진 것과 같은 고통을

                                아직 꼰대는 되고 싶지 않습니다

유발한다는 의미입니다. 일부 팀원을 따돌리는 상사는 직원의 정강이를 걷어차거나 팔목을 비틀어 꺾는 것이나 다를 바 없는 고통을 주는 셈입니다. 섬뜩하지 않나요?

소속감은 그냥 생기지 않습니다. 예를 들어, 여러 부서에서 일 잘하는 직원들을 차출하여 태스크포스를 구성했다고 했을 때, 이들이 제대로 일을 하려면 먼저 팀 빌딩이 필요합니다. 팀원들이 제대로 협업을 하려면 신뢰와 공감에 기반한 관계가 전제되어야 하는데, 그러기 위해서는 모두가 그 팀의 구성원이라는 인식이 필요한 것입니다. 그냥 팀으로 모아만 놓으면 저절로 신뢰가 생길 것이라고 생각하면 안 됩니다. 친해지기 전에는 신뢰를 하지 않는 것이 인간입니다. 90년대생을 팀의 일원으로 소속감을 느끼도록 하려면 관리자로서 어떤 부분에 주의를 기울여야 할까요?

1. 불편해하는 일을 강요하지 않는다

예를 들어, 팀워크를 강화한다면서 주말에 등산 모임을 갖거나, 남자 직원들끼리만 모여서 접대를 받는 술집을 가는 것이 불편한 일의 대표적인 예라고 할 수 있습니다. 어떤 사람은 스포츠 활동을 좋아하지만, 다른 사람들은 조용하게 영화를 보는 것을 더 좋아합니다. 직원들의 소속감을 위한 팀 활동은 누구나 무난하게 좋아할 만한 활동을 선택하는 것이 현명합니다. 일부 팀원들의 취향에 치우친 활동을 하게 되면, 다른 직원들은 소외되기 쉬우니까요. 서바이벌 게임처럼 너무 활동적이거나 꽃꽂이처럼 정적인 활동도 마찬가지로 좋지 않습니다. 참가자들이 원하지 않는데 개인 정보를 공유하도록 강요하는 팀 행사(예: 게임에서 지면 비밀 털어놓기)도 피하는 것이 좋습니다. 이렇게 하면 많은 사람들이 부끄러움을 느끼거나 당황할 수 있기 때문입니다. 어떤 활동을 할지에 대해서도 팀원들의 의견을 존중해주는 것이 좋습니다.

2. 일회성 행사는 별 효과가 없다

팀은 하루 아침에 만들어지지 않습니다. 서로 다른 취향, 가치관, 강약점을 가진 사람들이 공통 분모를 찾고 친근감을 가지려면 아무래도 시간이 필요하죠. 따라서 일회성 빅 이벤트만으로 감동을 주겠다는 생각보다는 소소하지만 서로를 이해할 수 있는 만남, 대화, 접촉의 기회를 늘여가는 것이 좋습니다. 생일을 맞은 팀원을 위해 케이크 준비하기, 떡볶와 순대를 사다가 펼쳐놓고 먹기, 팀 행사를 마친 후 커피 한잔 함께하며 자축하기 등 방법은 얼마든지 많습니다. 중요한 것은 한 번의 큰 이벤트가 아니고, '가랑비에 옷 젖듯' 마음에 스며드는 동료 의식입니다.

3. 먹고 마시는 것에 인색해지지 않는다

음식을 나누는 것은 집단의 친밀감 제고에 빠질 수 없습니다. 사람들은 포만감을 느낄 때 상대에게 더 호의적이 된다는 연구도 있지요. 세계적인 소프트웨어 기업이자 직원 만족도 최고 기업으로 꼽히는 사스SAS는 직원들이 지나다니는 복도 어디에서나 먹을 수 있도록 초콜릿 같은 간식을 비치해둔다고 합니다. 그리고 '함께 먹는' 행위도 중요합니다. 영어에서 'company' 라는 단어는 '회사', '(軍)중대', '무리' 등의 뜻으로 쓰이는데 그 어원이 '함께(=com) 빵을 (=pan) 나눠 먹는 사람들'에서 온 것도 우연이 아닙니다. 일만 같이 하고 식사는 항상 따로 해보세요. 같은 팀이라는 느낌이 들지 않습니다. 미국 유럽 아시아 등 다른 여러 나라 사람들과 일을 해봐도 프로젝트 시작할 때와 끝날 때는 항상 함께 식사하는 자리를 갖습니다. 90년대생은 식사 시간을 다른 사람과 나누는 것을 싫어한다는 사람들이 있는데, 말도 안 되는 일반화입니다. 그런 사람도 있지만, 그렇지 않은 사람이 훨씬 많습니다. 밥은 어차피 먹어야 하고, 사람이 싫지 않다면 왜 함께 밥 먹는 것을 마다하겠습니까?

4. 팀원의 시간만 쓰지 말고, 팀원을 위해 시간을 쓴다

일 잘하는 관리자는 팀원들의 역량을 최대한 발휘하는 사람입니다. 하지만, 그것이 팀원들을 쥐어짜기만 해서 될 일이 아닙니다. 팀원의 능력과 강점, 약점을 잘 이해하고 거기에 맞게 일을 하도록 해주는 것이 좋습니다. 그러려면 팀원을 관찰하고 이해하고 도움을 주는 등 관리자의 시간을 써야 합니다. 이런 노력을 하지 않고 '척 보면 아는' 방법은 없습니다. 팀원을 다 알고 있다고 자신하는 관리자일수록 팀원들이 마음속에 불만을 쌓아두게 하고 있을 가능성이 높습니다. 한 조사에 따르면 MZ세대 직원 중 28%만이 회사에서 자기 능력을 충분히 활용한다고 느낀다고 합니다. 이런 상황을 방치하면 결국 젊은 직원들은 '내 재능을 여기서 썩히느니 차라리 다른 데서 일자리를 구하자'고 생각하게 되겠지요. 90년대생들에게 너무 이러궁저러쿵 얘기하면 싫어하지 않을까 걱정하지 마세요. MZ세대 직원의 79%는 자신의 관리자가 코치나 멘토 역할을 해주기를 원한다고 하니까요.

5. 적당한 잡담은 필요하다

회사에서 잡담하면 생산성이 떨어진다고 싫어하는 관리자가 있습니다. 업무 때문에 불러서 확인하려고 하는데, 직원들끼리 모여서 대화하고 있으면 수다 그만 떨고 일이나 하라고 하는 경우를 종종 봅니다. 하지만, 너무 대화 없이 일만 해도 팀워크에 안 좋습니다. 사람이 '사회적 존재'인 이유는 서로 대화를 하고 정보를 교류하기 때문이니까요. 이를 과학적으로 증명한 실험도 있습니다. 미시간대학교 교수인 심리학자 오스카 이바라Oscar Ybarra의 연구에 따르면 10분 정도 잡담을 먼저 하고 과제를 수행한 그룹이 곧바로 과제를 수행한 그룹이나, 경쟁적인 게임을 먼저 하고 과제를 수행한 그룹보다 현저하게 우수한 성과를 낸다고 합니다. 적당히 잡담을 하면 대뇌를 활성화시켜 집중력 향상, 사고의 명확화, 우선순위 결정 등에 더 유리하다고 합니다. 그러고 보니, 어려운 회의를 할 때일수록 처음에 바로 본론에 들어가지 않고 일상적인 대화를 조금 하다가 안건 토의를 할 때 회의가 더 빨리 마무리되더군요. 잡담을 하면서 긴장도 풀리고 서로 편안한 분위기가 조성되어 안건

아직 꼰대는 되고 싶지 않습니다

토의를 할 때도 안 된다거나 못 한다고 하기보다는 어떻게 하면 되는 쪽으로 방향을 찾아볼지 함께 고민을 하게 되어서라고 생각합니다. 물론, 잡담이 너무 지나치면 안 됩니다. 과유불급이니까요.

6. 사회적으로 의미 있는 일을 함께한다

기업 내에 사회공헌 프로그램을 운영하는 것이 밀레니얼 직원들의 직무 만족도를 높인다는 연구 결과가 있습니다. 기성세대들은 사회공헌은 기업이 열심히 사업해서 번 돈을 취약 계층에 일부 나눠주는 개념으로 이해했습니다. 90년대생들은 좀 더 자신의 일이 사회적으로도 의미 있는 것을 선호합니다. 자신이 어떤 조직에 속해 있다는 것이 사회적으로도 의미가 있다고 느낄 때 팀에 대한 소속감도 더 높아지는 것입니다. 일례로, 서울 성수동에는 사회적 가치를 우선시하는 '소셜 벤처' 기업들이 입주해 있는 공유 오피스 '헤이그라운드'가 있는데, 2019년 기준으로 82개 입주사 중 밀레니얼 세대가 대표인 기업이 45개고, 직원 558명 가운데 85%가 MZ세대에 해당한다고 합니다.

7. 처음과 마지막을 잘 챙긴다

팀은 영구 조직이 아닙니다. 필요에 의해 만들어지고, 용도를 다하면 해체되기도 하는 거죠. 그렇기 때문에 항상 시작과 끝이 있습니다. 사람들이 무리에 소속감을 느끼고, 무리를 떠난 후에라도 좋은 기억을 간직하도록 하려면 사람들이 그 조직에 들어오는 것, 그리고 조직에서 나가는 것을 잘 관리해야 합니다. 이것을 인류학에서는 의례ritual라고 합니다. 전통 문화에서 관혼상제 등을 '통과의례'라고 하는 것과 비슷한 의미입니다. 새로운 사람이 팀에 들어오는 것은 '이제부터 우리는 한 편'이라는 존재의 의미를 부여하는 셈입니다. 이제부터는 '남', '제삼자'가 아니라, '우리'라는 단위로 묶인다는 것이죠. 의례 자체가 업무는 아니지만, 그런 의례를 잘 거침으로써 합을 맞춰 업무도 할 수 있고 조직문화를 형성하여 소통을 더 잘하게 되는 것입니다. 의례가 꼭 복잡하고 격식을 많이 차려야 하는 것은 아닙니다. 점심을 함께하거나 맥주를 한잔하며 서로에 대한 이해의 시간을 갖는 정도도 충분합니다. 떠나는 구성원을 챙기는 것은 더 중요합니다. 그동안 쌓인 정을 생각하면 당연한 겁니다. 2015년 《한국인은 미쳤다!》라는 자극적인 제목의 책을 출간해 냉혹하고 후진적인 한국 대기업의 기업문화를 비판했던 한 프랑스인은 자기가 그런 책을 쓰게 된 직접적 동기가 "12년 간 임원으로서 재직한 조직에서 환송회도 없이 쫓아냈기 때문"이라고 고백한 적이 있습니다. 90년대생 팀원이 일을 같이 못 하고 다른 길을 가게 되더라도 환송회만큼은 제대로 해주시길 바랍니다.

아직 꼰대는 되고 싶지 않습니다

3부

후배들에게 일을
제대로 맡기는 방법

"새 술은 새 부대에"라는 말이 있습니다.《신약성서》여러 곳에 나오는 구절에서 온 표현입니다. "새 포도주를 낡은 가죽 부대에 넣는 자가 없나니, 만일 그렇게 하면 새 포도주가 부대를 터뜨려 포도주가 쏟아지고 부대도 못쓰게 되리라. 새 포도주는 새 부대에 넣어야 할 것이니라."(눅 5:37~39)

성령적인 의미를 떠나서, 비유 자체만 가져와 우리의 조직 상황에 적용해본다면 어떨까요. 90년대생들은 기성세대와 여러모로 매우 다른 개인적 특성을 지니고 있는데 이들을 과거의 조직 문화 틀에 맞추어 관리하려고 하기보다 그들의 특성에 맞게 관리 방식을 유연하게 바꾸는 것이 좋다는 말입니다.

90년대생은 수평적인 조직을 좋아합니다. 하지만, 일부 스타트업이나 외국계 기업을 제외하고 진정한 의미의 수평 조직을 갖춘 기업이 많지는 않습니다. 우리나라 기업들이 바뀌려고 노력은 하고 있습니다. 직접적으로 90년대생을 대하고 업무를 챙겨야 하는 중간 관리자들은 애로가 많습니다. 특히, 전통적인 관리 방식을 아직 바꿀 준비가 되어 있지 못한 경우에 더욱 그렇습니다. "우리처럼 전통적인 비즈니스를 해온 기업이 어떻게 갑자기 수평 조직이 되느냐?"라며 반론을 제기하는 경우도 많지요. 하지만 젊은 직원들이 생각하는 '수평조직'은 거창한 것이 아닙니다. 업무를 결정하고, 회의하고, 보고하고, 실행하는 등 지극히 일상적인 직장의 일상에서 90년대생의 입장과 생각을 배려해주는 것이 중요합니다.

특히 90년생들에게 일을 어떻게 시킬지는 본질적인 문제입니다. 회사는 사람들이 모여서 함께 일하고 뭔가 사회에 도움이 되는 가치를 창출하고, 그 과정에서 이익도 내는 집단이기 때문입니다. 하지만 그런 목적을 제외한 내·외부 환경은 변하지 않는 것이 없습니다. 4차 산업혁명의 도래로 기술과 시장이 변하고 있고, 거시 경제는 2%대 저성장 시대에 접어든 지 이미 여러 해가 되었습니다. 그런 와중에 조직들의 인적 구성이 빠르게 바뀌고 있습니다. 이 모든 변화는 거의 동시다발적으로 일어나고 있으며, 기업들은 이런 변화를 따로따로 대응할 여유가 없습니다. 우리는 혁신적인 조직이 되기 위해 애자일을 선택하고, 수평적으로 바뀌어야 하며, 또 그러기 위해 90년대생들이 일하기 좋은 조직을 만들어야 합니다.

경영학의 아버지 피터 드러커Peter Drucker는 1988년에 이미 《하버드비즈니스리뷰》를 통해 정보와 지식이 기업의 경쟁 우위가 되는 환경에서는 수평 조직이 적합하다고 주장했습니다. "위계를 한 단계 거칠 때마다 소통의 잡음은 두 배로 늘어나고, 전달하려고 하는 메시지의 절반이 사라지기 때문"이라는 것이죠. 업무를 위해 소통을 꼭 해야 하지만, 업무 소통은 아무리 해도 만족스럽지 않고 결국에는 소통이 힘들어서 업무를 못하게 되는 경우도 많습니다. 90년대생들이 조직에 들어오는 시점에서 이미 드러커 교수가 약 30년 전에 예언한 변화 모습이 우리의 현실이 되고 있습니다.

3부에서는 90년대생 직장인들에게 어떻게 제대로 일을 시킬 것인지에 대해 탐구합니다. 커리어 성장에 대한 욕심이 강하고, 자기 생각을 거침없이 말하며, 워라밸까지 알뜰하게 챙기는 신세대 직장인들이 일터에서 실력을 발휘하도록 하려면 전통적인 '관리'의 코드 중 상당 부분이 폐기되어야 합니다. 가르칠 것은 가르치면서도 그들의 업무 스타일에서 참고할 것은 참고해야 합니다. '사람을 갈아 넣어야' 좋은 결과물을 낼 수 있다는 생각은 버려야 합니다. 제72회 칸 영화제에서 황금종려상을 수상한 영화 〈기생충〉을 찍는 과정에서 모든 스태프들이 법정 근로시간을 준수했다는 보도가 기억납니다. 봉준호 감독이 남들이 못하는 것을 해낸 데는 그의 천재성도 중요했지만, 그가 스태프들과 함께 일하는 방식이 달랐던 것도 큰 기여를 했다고 합니다. 21세기 대한민국의 관리자들이 90년대생이라는 '새 술'을 담을 '새 부대'에 대해 함께 탐구해볼 시간입니다.

성장할 수 있도록 일을 맡긴다

'90년대생들? 아직 일도 제대로 못 하고, 회사에 개뿔 기여하는 것도 없으면서 워라밸이나 찾고 자기 주장만 내세우고 있으니 속 터진다. 저 잘되라고 따끔하게 지적하면 '갑질 상사'라고 수군대니 말하기도 싫다.'

젊은 직원들에게 일 시키기 힘들다고 생각하는 관리자들의 불만입니다. 그런데, 이런 생각을 하는 중간 관리자가 적지 않아 보입니다. 2020년 1월 한 취업 포털의 조사에서 70~80년대생 응답자는 90년대생 후배 직장인들의 업무 능력에 대해 100점 만점 기준 평균 64점, 65점을 주었습니다. 낙제 점수까지는 아니라도 분명 좋은 평가는 아닙니다.

우려스러운 것은 기성세대들이 90년대생들의 어느 한쪽 측면만 보고 일반화시키는 것은 아닌가 하는 점입니다. 바로 '일을 배우려고 하지 않는다', '성장에 대한 의욕이 부족하다'와 같은 인식이 그런 우려를 낳습니다. 하지만 채용 면접 시 지원 동기를 물으면 90년대생들이 가장 많이 하는 답변은 "많이 배울 수 있을 것 같아서 지원했다", "직원 교육에 많은 투자를 하는 것 같아서 지원했다" 등입니다. 온도 차이가 꽤 크다고 느껴집니다.

'성장'을 둘러싼 기성세대와 젊은 세대의 온도 차이는 관점의 차이에서 기인합니다. 90년대생들은 '성장 없는 업무는 하기 싫다'고 생각하는 반면, 기성세대는 '일을 열심히 안 하는 것은 성장 의지가 없다는 증거'라고 생각합니다. 90년대생들은 배우는 것 없이 힘만 들거나 보여주기 식으로 하는 일을 혐오하는데 직장의 선배들은 젊은 직원에게 실질적인 학습이 되는 일보다는 자신이 직접 하기 싫은 귀찮은 일 위주로 시키는 경우가 적지 않습니다. 90년생들은 업무를 배우기 위해 필요한 모든 정보를 공유해주기를 바라지만, 선배들은 자기들도 힘들게 배운 것을 그냥 알려주고 싶지 않습니다. 설상가상으로, 최근에는 무언가를 가르쳐주려는 사람을 '꼰대'로 몰아가는 분위기 때문에 아는 것도 알려주기 싫다는 관리자들도 있습니다. 또한 90년대생들은 일을 배우더라도 정시 퇴근을 하고 싶어 하지만, 기성세대들은 일을 먼저 배우고 워라밸을 찾으라고 합니다.

- "힘만 들고 성장이 없는 업무는 하고 싶지 않다."   vs.   "열심히 안 하는 것은 배우기 싫다는 것 아닌가?"

아직 꼰대는 되고 싶지 않습니다

"의미도 없는 보여주기식 업무를 왜 내가 하나?"	vs.	"어디서 신입 주제에 일을 골라서 하려고 그래."
"정보 하나 안 주고, 삽질 좀 해 보라는 거구만?"	vs.	"다 가르쳐주면, 뭐 하러 시키냐? 내가 하지."
"왜 워라밸 희생해가면서까지 일을 해야 하나?"	vs.	"젠장, 일이나 좀 배우고 나서 워라밸 찾든지."

하지만, 90년대생들은 앞으로도 최소 20년, 길게는 30년 이상 경제 생활을 할 사람들입니다. 기성세대는 직장 경력을 얼마 남겨두지 않은 상태에서 4차 산업혁명 시대를 맞았지만, 90년대생들은 4차 산업혁명과 거의 동시에 직장 생활을 시작했습니다. 로봇이 직무의 40% 이상을 대체할 것이라고 예측되는 시대에 살고 있습니다. 기성세대의 이상적 경력 모델이 '인생 이모작' 정도였다면 90년대생은 앞으로는 '삼모작', '사모작'의 인생을 살아야 할 가능성이 높습니다. 이런 상황하에서 누구보다 불안하고 성장에 대해 목마를 수밖에 없는 사람들은 90년대생들입니다.

리서치 전문업체 엠브레인의 2015년 조사 결과에서 이미 우리나라 직장인의 85%가 한국사회에서 안정적인 직업을 찾는 것은 점점 어려워지고 있다고 답했습니다. 72%의 응답자가 '아무리 최첨단 신기술 제품이라고 해도 3개월만 되면 구형으로 바뀐다'고 할 정도로 빠른 사회와 기술의 변화로 불안해하는 사람들이 많아졌으며, 그렇기 때문에 80%가 자기계발에 관심이 있고 60%는 이미 자기계발을 하고 있습니다. 특히 20대 응답자의 90% 이상은 향후 자기계발을 할 의향이 있다고 밝혔습니다.

이것은 우리나라에 국한되는 현상만도 아닙니다. 미국에서는 1995년 이후 출생한 사람을 Z세대로 분류하는데, 이들을 대상으로 한 최근 조사에서 94%의 응답자가 '일을 통해 새로운 것을 배울 수 있을 때 업무에 대한 동기부여가 잘되고 성과도 좋아진다'고 답했고, 79%는 '새로운 직장을 구할 때 그 회사가 제대로 된 업무 교육을 실시하는지도 따져본다'고 했으며, 37%는 '회사가 업무 관련 교육을 제공하지 않으면 직장을 떠나는 것을 고려한다'고도 했습니다.

오너십을 경험할 수 있도록 일을 시키는 방법

세계적인 석학, 교육 전문가, 기업의 리더들이 일 년에 한 번씩 '글로벌 HR포럼' 행사에 참여하기 위해 서울에 모입니다. 2018년에 열린 행사에서 가장 많이 나왔던 키워드는 '재교육reskill'입니다. 이 행사에 참여한 스웨덴 총리는 "지금 무슨 일을 하고 있느냐가 아니라 앞으로 어떤 일을 할 수 있느냐가 개인의 정체성을 규정하게 된다"고 했습니다. 넷플릭스 최고인재책임자 제시카 닐Jessica Neal 역시 "우리는 프로야구팀 같다. (……) 선수들을 트레이딩하면서 최고의 팀을 꾸린다."라고 말했습니다. 아마존은 인공지능과 로봇 시대를 대비해 한화로 약 8000억 원을 들여 6년 동안 직원 3분의 1(약 10만 명)을 순차적으로 재교육한다고 발표했습니다. 이런 트렌드 속

아직 꼰대는 되고 싶지 않습니다

에서 직원 성장에 신경 쓰지 않는 조직이나 리더는 젊은 직원들에게 외면받기 쉽습니다. 그렇다면 90년대생들이 조직에서 성장하도록 일을 시키는 방법은 무엇인지 구체적으로 살펴보겠습니다.

1. 성장의 기틀은 세심한 '온보딩'

온보딩onboarding'은 원래 배나 비행기에 올라탄다는 의미였지만, 신규 입사자가 조직과 업무에 적응하는 기간이라는 의미로 많이 쓰입니다. 직원들은 입사 초기 짧은 기간의 경험으로 조직에 대해 많은 것을 판단합니다. 그만큼 첫인상이 중요하지요. 하지만 많은 기업에서 신규 입사자들은 이 소중한 시간을 뻘쭘하게 사무실에서 뭘 해야 할지 모르는 상태로 낭비합니다. 대개 팀이나 관리자들이 바빠서 제대로 신경을 쓰지 못해서인데요. 글로벌 조사 전문 기업 애버딘의 벤치마크 보고서Aberdeen Benchmark Report에 따르면 충실한 신규 입사자 온보딩은 이직률을 52% 낮추고, 고객만족도를 53% 높이며, 생산성 향상 속도를 60% 높인다고 합니다.

효과적인 온보딩은 입사 첫날 웰컴패키지, 노트북, 머그잔을 나눠주는 것에 그치면 안 됩니다. 90년대생 새내기 직장인들이 '아, 내가 이 회사에서 성장할 수 있겠구나' 하는 느낌이 들도록 해야 합니다. 대기업들조차 점차 공채를 줄이거나 없애면서 입문 교육이 약화되는 상황에서 소속 팀에서의 온보딩은 더욱 중요해지고 있습니다. 과거에는 시간이 해결해준다고 생각하는 경우가 많았지만, 90년대생 직장인들은 좌충우돌하면서 본인이 모든 것을 찾아보게 하는 회사는 '체계 없고, 사람을 귀하게 여기지 않는 곳'이라고 판단합니다. 인재 육성 문화가 갖춰진 기업에서는 신입이든, 경력이든 새로 입사하면 처음 1주일, 1개월, 3개월 단위로 온보딩을 해야 할 사항들이 미리 정의되어 있고, 업무상 필요한 기존 직원들과 일련의 일대일 미팅을 통해 필요한 정보를 알려주고, 관계를 형성하며, 업무 현안을 파악할 수 있도록 하고 있습니다.

2. 신입이라고 허드렛일만 시키는 것은 No!

일부 관리자들은 신입 직원들에게 말합니다. "허드렛일에 불만 갖지 마라. 그런 일도 해야 더 큰 일도 한다. 지금 네 수준이 그 정도밖에 안 되는데 어쩌겠냐? 나도 어릴 때 다 했다." 이런 '훈계'의 이면에는 '도제식' 마인드가 자리 잡고 있습니다. '도제apprentice → 직인journeyman → 장인master'의 단계로 전문인을 육성하는 방식은 중세 유럽 상인merchant 및 수공업craft 길드guild에서 번성했다가 산업혁명, 시민혁명, 자유무역을 특징으로 하는 근대 사회에 와서 몰락한 시스템입니다. 이 시스템은 업무 지식이 밖으로 드러나지 않는 방식으로만 존재하며 철저한 위계 질서 속에서 독점적 사업권과 영업 비밀을 전제로 하는 사회에서 작동합니다. 허드렛일은 업무 지식을 얻기 위해 견습공들이 지불하는 '수업료' 같은 것이었죠.

지금도 여전히 도제 시스템을 유지하는 특수한 업종들이 일부 있지만, 대부분 기업에서는 이런 방식이 더 이상 작동하기 어렵습니다. 모든 일을 하나에서 열까지 가르쳐주지도 않으면서 막내에게 허드렛일을 몰아주면서 커리어를 착취하는 문화는 옳지 않고, 그런 부조리를 참고 견딜 90년대생도 없기 때문입니다. 그런 관행을 빨리 바꾸지 않으면 구직자들 사이에서 '블랙 기업(가혹한 노동관행을 고집하는 회사)', '꼰대 문화'로 낙인 찍혀서 앞으로 사람을 아예 뽑을 수 없게 됩니다. 회사 입장에서도 유능한 젊은 직원들을 빨리 실무에 몰입시켜 조기 전력화하는 것이 기업 가치에 훨씬 유리합니다. 물론 90년대생에게 허드렛일을 '면제'하라는 것은 아닙니다. 맡은 업무 전체 범위 안에 허드렛일이 포함되어 있는 것은 해야죠. 여러 업무에서 허드렛일만 발라내서 막내에게 시키지는 말라는 얘기입니다.

3. 시작에서 끝까지 온전하게 책임을 부여한다

회사 일을 혼자 다 하는 사람은 없죠. 적당한 크기로 쪼개서 한 사람이 감당할 수 있는 직무job와 과업task으로 나누고 이를 여럿이 협업을 통해 처리합니다. 문제는 일이 너무 세세하게 분절分節된 경우 직원들이 큰 그림을 보지 못하고, 업무에 대한 책임의식이 떨어집니다. 내가 맡은 일이 전체 과제나 프로젝트에 아주 미미한 영향력밖에 없다면 실력이 늘지도 않고 책임의식이 생기기도 어려우니까요. 따라서 가급적 90년대생 직원들에게도 단순반복적인 일보다는 한 업무나 과제의 시작에서 끝까지를 자기완결적으로 할 수 있도록 업무를 부여할 필요가 있습니다. 이런 업무 방식이 오랫동안 잘 운영되어온 기업 중 하나가 피앤지P&G입니다.

소비재 마케팅 인재의 '사관학교'로 정평이 난 피앤지는 신입 마케터에게도 맡은 제품의 유통 사이클 전체를 관리하도록 해주고 있습니다. 물론 그런 업무 역량을 갖췄는지에 대한 검증은 철저하게 합니다. 입사 첫날부터 프로젝트 리더가 될 수 있을 뿐 아니라 시장 조사, 제품 출시, 유통망 관리, 실적 모니터링 등 자신이 책임지는 제품의 모든 면에 대한 관리 능력을 쌓을 수 있도록 업무가 디자인되어 있습니다. 스스로 많은 부분을 책임지고 챙겨야 하는 특성 때문에 다른 기업들보다 훨씬 빠르게 성장할 수 있고, 실제로 인턴으로 입사해서 5년 정도 안에 하나의 브랜드를 총괄하는 브랜드 매니저까지 승진하는 경우도 드물지 않습니다.

4. "맨땅에 헤딩은 사양합니다."

일하면서 실패하고 배우는 것은 성장에 필수입니다. 하지만 충분한 준비와 노력으로도 해소되지 않는 '불확실성'이 있을 때 도전했다가 실패를 하는 것이 의미 있는 것이지, 당연히 할 수 있는 일을 제대로 준비하지 못해서 그르치는 것은 무능한 것입니다. 어떤 90년대생이라도 그런 식의 무능한 모습을 보이고 싶어 하지는 않습니다. 하지만 일 처리에 필요한 핵심 정보와 노하우를 알려주지 않고 '알아서 하라'고 내버려둔 결과로 실패를 맛보게 되면 뒷맛이 좋지 않습니다. '맨땅에 헤딩' 식으로 업무를 준다고 느끼게 되니까요. 이런 식으로 일을 시키는 유형에는 몇 가지가 있습니다.

첫째, 관리자가 너무 바쁜 경우입니다. 일을 시키지만 도저히 시간을 내어 설명을 해줄 수 없는 경우입니다. 가장 최근까지 그 업무를 했던 사람이 제일 잘 알텐데, 시간이 없다며 차일피일 인수인계를 안 해주거나 '알아서' 해결해보라고 하는 경우입니다. 둘째, 가이드를 주기는 하는데 친절하게 설명하지 않고 '이해하려면 하고 말려면 말아라' 식으로 전달을 하거나, 질문을 하면 "아니, 그런 것도 모르냐?" 하면서 자존심을 긁는 스타일입니다. 셋째, 속 시원하게 알려주지 않고 찔끔찔끔 알려주는 경우입니다. 진짜 중요한 노하우나 베스트 프랙티스best practice, 즉 실질적인 '꿀팁'은 빼놓고 일부러 어려운 방식으로 알려주는 것입니다. 후배를 암묵적인 '경쟁 상대'로 생각하는 사람들이 견제를 위해서 이렇게 하는 경우가 있습니다.

5. 참여와 공유가 성장을 빠르게 한다

지식 기반 산업에서 업무를 제일 잘 배우는 방법은 의사결정을 해보는 것입니다. 의사결정을 위해서는 해당 업무와 관련한 모든 요소를 고려해야 하기 때문이죠. 그런데, 위계적인 기업에서는 관리자가 아닌 직원을 의사결정에서 배제하는 경우가 많습니다. 하지만, 업무를 통한 성장을 촉진하기 위해서는 의사결정 프로세스에 참여시키는 것이 좋습니다. 실무자로서 어떻게 생각하는지 의견도 물어보고, 질문도 하게 하고, 서로 토론을 하면서 결정에 대한 공감도 높이고 학습이 되도록 하는 것입니다. 애자일agile 조직에서는 프로젝트 팀의 실무자들이 웬만한 의사결정은 직접 합니다. 대표적인 성장 기업 넷플릭스Netflix에서는 직원들이 서로를 'informed captain'이라고 칭하면서, 직접 의사결정을 합니다.

업무 결과에 대한 공유도 성장에 도움이 됩니다. 관리자와 실무자, 선배와 후배가 함께 한 결과로 성과를 냈을 때 그 결과는 나눠야 한다는 것입니다. 예를 들어, 관리자나 선배가 주도하는 업무에서 후배의 도움이 필요할 경우가 있습니다. 설문 결과 집계, 데이터 가공, 인터뷰 요약, 장표 작성 등 번거로운 일들이죠. 이런 단발성의 과업만으로는 성장감을 주기 어렵습니다. 하지만 완성된 결과물에 대해 후배에게 공유 및 설명을 해준다면 얘기가 다릅니다. 자신의 노력이 전체 맥락에서 어떻게 활용되었는지 알 수도 있고, 다음에 좀 더 넓은 범위의 업무를 할 수 있도록 관점을 키울 수 있기 때문입니다. 자질구레한 일만 시키고 결과에 대해 얘기도 안 해주면 다음부터는 아예 안 도와줍니다.

6. 결과 프레젠테이션의 기회

프로젝트의 꽃은 프레젠테이션입니다. 프레젠테이션은 몇 주일 동안 고생해서 만든 결과물을 임원이나 고객 앞에서 발표하고, 질문에 대해 답을 하고, 제안하는 바를 관철시키는 일입니다. 조직에서 성장하기 위해서는 자기의 업무에 대해 남한테 설득할 수 있어야 합니다. 이 능력은 자꾸 해보지 않으면 생기지 않습니다. 하지만 직원들에게 이런 기회를 좀처럼 주지 않는 조직들이 많습니다. 경험이 부족한 젊은 직원들의 부담을 덜어주기 위해 관리자가 프레젠테이션을 대신하는 것일 수도 있는데, 결국 젊은 직원들의 성장 기회를 빼앗는 것입니다. "너는 아직 그릇이 이 정도밖에 안 되니 빠져 있어"라고 말하는 셈입니다. 하지만 시켜보지도 않고 직원들의 수준을 판단할 필요는 없죠.

인재를 잘 키우는 회사들은 대학생 인턴들에게도 자기가 만든 결과물에 대한 프레젠테이션 기회를 줍니다. 2~3주 정도만 시간을 주면 그럴 듯한 결과물을 만들어서 프레젠테이션을 잘하는 경우가 많습니다. 설사 처음에는 조금 미숙하더라도 자꾸 기회를 주어서 역량을 키우는 것이 바람직합니다. 어떤 기업에서는 그런 자리에 꼭 임원들이 참석하도록 하여 역량 육성에 도움을 주도록 합니다. 실무적으로 어려운 내용이라 전체 내용을 발표하게 하는 것이 어렵다면 모듈을 나눠 일부만 발표하도록 하는 것도 방법입니다. 실제 컨설팅 제안 발표에서 세부 모듈을 담당 실무급 컨설턴트가 나누어 발표를 해서 큰 프로젝트를 수주하는 것도 봤습니다. 남들 앞에 서서 프레젠테이션을 하는 것만큼 업무 오너십을 높이는 방법은 없습니다.

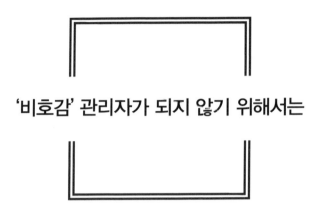

'비호감' 관리자가 되지 않기 위해서는

"지시받는 느낌은 싫어하지만, 그렇다고 마음에 들 정도로 알아서 일을 하지도 않는다."

90년대생과 함께 일을 해본 기성세대들의 공통된 의견입니다. 최근 직장에서 일하기 시작한 젊은 직원들에 대해 실제로 60년대생, 70년대생, 80년대생 선배 직장인들이 어떻게 생각하는지를 확인하기 위해 수십 명을 대상으로 인터뷰한 결과입니다. 과거에는 업무를 시키면 그냥 하는 것이 보통이었습니다. 하다가 모르는 것이 있을 때 '어떻게' 하면 되는지를 물어보기는 했지만, 업무 자체에 대해 반문하는 경우는 없었죠. 그래서 기성세대 관리자들은 "그게 꼭 필요한 일인가요?"라거나 "그 일을 왜 제가 해야 하죠?"라고 반문하는 90년대생 직원들을 보며 황당하다고 생각하는 경우가 많습니다. 이유는 묻지 말고, 그냥 시키는 대로 하라고 하면서도 이

아직 꼰대는 되고 싶지 않습니다

들에게 업무를 시키는 것은 만만치 않은 일이라는 생각을 하게 됩니다. 지시받는 것이 싫으면 자율적으로 알아서 하든지, 알아서 하는 스타일이 아니면 지시에 고분고분 따르든지 해야 하는데 둘 다 아니기 때문이겠죠.

반면, 90년대생의 개인적인 업무 수행 능력은 뛰어나다는 데 대부분 동의합니다. 70년대생이 90년대에 대학을 졸업하고 대기업 입사하면 처음 3~6개월은 거의 교육만 받았던 것과는 달리 최근 약 5년 내에 대학을 졸업한 직원들은 입사해서 특별한 교육이나 OJT on-the-job training를 해주지 않아도 일을 곧잘 하는 경우가 많습니다. 학교 때부터 조별 과제, 프로젝트, 공모전 등 다양한 활동을 통해 회사 생활과 유사한 경험을 많이 했고 두세 번의 인턴십을 통해 조직과 일에 대한 경험을 나름대로 형성한 경우가 많으며, 직원 선발의 검증 절차도 과거와는 비교도 안 될 정도로 까다로워졌기 때문인 것으로 보입니다.

적절한 업무량을 판단하고, 권한을 위임하며, 결정은 빨리!

그런데, 90년대생들의 업무 능력이 좋아진 만큼 중간 관리자들의 업무 지시 방식에 대한 기대 수준도 같이 높아졌습니다. 관리자로서 뭔가 부가가치를 더하지 않고 충분한 고민 없이 업무를 '던지듯이' 주는 것을 싫어한다는 것입니다. 업무 지시에 부가가치를 더하지 못하는 관리자 유형은 크게 다섯 가지로 관찰됩니다.

1. '메신저'형 관리자

자기가 지시받은 것을 그대로 시키는 관리자입니다. 임원이 업무에 대한 방향을 얘기하면 노트에 받아 적어 팀원에게 똑같이 읽어주고는 "보고서 초안 되면 가져와"와 같이 지시하는 식입니다. 너무 막연해서 확인을 위해 질문을 해도, "나도 그거 외에는 아는 게 없다"라며 알아서 해결하라고 할 뿐입니다. 이런 관리자는 임원과 팀원 사이의 '메신저' 또는 '다리' 역할만 하는 셈입니다. 관리자로서의 부가가치는 없는 것이나 다름없습니다.

관리자는 부서의 역량 및 자원을 정확하게 파악하고 있어야 합니다. 임원이 무리하거나 비현실적인 과제를 요구할 때 아무 생각 없이 "네!" 하고 받아오는 것이 아니라, 현실적인 수준으로 업무를 재정의하거나 추가적인 자원과 예산에 대한 약속을 받는 등 중간 조율을 잘할 수 있어야 합니다. 하지만 일부 관리자들은 업무 파악을 잘 못해서, 또는 임원에게 잘 보이려는 마음에 감당이 안 되는 업무를 계속 받아와서 직원들에게 쏟아놓습니다. 직원들은 마음속으로 '이러느니 내가 임원한테 직접 지시를 받아서 하는 게 낫겠다' 하고 생각하게 됩니다.

2. 우수 인재만 쥐어짜는 관리자

일 잘하는 직원에게 업무 지시를 계속 몰아주는 유형입니다. 역량과 리더십이 부족한 관리자 밑의 직원들은 말을 잘 듣지 않습니다. 그래도 한두 명은 일도 잘하고 충성심 높은 직원들이 있게 마련이죠. 그런데 일부 관리자들은 이런 직원들이 시키는 대로 잘해오는 데 맛이 들려 힘들어하는 것을 알면서도 계속 일을 얹어줍니다. "이 대리가 아니면 이 일을 누가 하겠어……. 다른 직원들을 내가 믿을 수가 있어야지." 이런 식으로 말하면서 말이죠. 그런데 이렇게 하다 보면 우수 직원도 못 견디고 다른 부서로 도망을 가거나 퇴사해버립니다.

유능한 관리자는 팀 전체의 역량을 골고루 활용할 줄 알아야 합니다. 팀원들마다 강점과 약점을 파악하여 거기에 맞게 업무 배분을 하고, 업무 원칙이나 프로세스를 수시로 재점검하여 업무가 일부 직원에게 치우치지 않고 모두 비슷한 수준의 업무 부하를 감당하도록 조율을 해야 하는 것이죠. 이렇게 하려면, 실무자들의 일하는 방식, 동기 수준, 업무 능력 등을 파악해야 하고 직원들과 대화도 자주 해야 합니다. 관리자로서 그런 당연한 역할은 도외시하고 자기 편의 위주로 우수 인재에게 계속 일을 몰아주면 황금알을 낳는 닭의 배를 가르는 꼴이 되고 맙니다.

3. 결정을 못 내리는 관리자

실무에 필요한 결정을 제때 내려주지 않아서 직원들을 힘들게 하는 유형입니다. 결정 못 내리는 관리자는 두 가지 조건을 모두 갖춘 경우입니다. 결정권을 틀어쥐고 위임을 하지 않는 것과 의사결정을 빨리 못 하는 것입니다. 둘 중 하나라도 해당되지 않으면 실무 직원들을 그렇게까지 힘들게 하지 않습니다. 이런 관리자들은 자신이 책임을 지기는 싫은데, 그렇다고 책임을 직원들에게 나눠주기도 싫어하는 모순된 심리에 빠져 있는 경우입니다. 그 결과 팀원들의 소중한 시간을 잡아먹고 사기를 극도로 저하시키고 맙니다.

가장 직원들을 실망시키는 것은 일을 다 했는데 마지막 순간에 가서 뒤집어버리는 경우입니다. "내가 언제 그렇게 하라고 했느냐?"라면서 자기 말을 안 들은 직원들에게 책임을 묻는 것이죠. 그동안 쏟은 노력과 시간은 모두 쓰레기통으로 들어가고 사람들은 허탈감에 빠집니다. 이런 일을 한두 번 겪은 직원들은 상사를 불신하기 시작합니다. 아주 명확한 지시가 아니면 일을 안 하고 복지부동합니다.

우수한 관리자들은 평소 원칙과 기준에 대해 직원들에게 충분히 소통한 후, 스스로 결정하도록 해줍니다. 원칙이 적용되지 않는 예외적인 경우에만 본인이 결정에 참여하는데, 그때도 빠르게 결정을 해서 일이 지체되지 않도록 합니다. 자신이 결정한 일이 잘못되었을 때는 스스로 책임을 집니다. 책임을 진다고 해서 무슨 큰일이 생기는 것도 아닙니다. 어쩌다 한번 하는 실패는 팀에 큰 영향을 미치지 않습니다. 리더가 구성원들을 배려하는 의사결정을 하면, 팀원들도 어떻게든 그 결정이 실패하는 결과가 되지 않도록 하려고 최선을 다한다는 점도 중요합니다.

4. 일로 괴롭히는 관리자

업무 지시권을 이용해 직원들을 괴롭히고 길들이는 경우입니다. 자기에게 충성하는 직원에게는 '꿀 업무'를 주고, 싫어하는 직원에게는 "너 한번 죽어봐라" 식으로 업무 폭탄을 퍼붓는 경우가 대표적인 사례입니다. 과거에는 업무 지시권을 남용해도 '관리자 고유 권한'이라는 핑계로 쉽게 넘어갔습니다. 그래서 2017년 국가인권위가 조사했을 때 우리나라 직장인 열 명 중 일곱 명이 일터에서 괴롭힘을 당했고, 입사 1년 이내 이직 경험자의 이직 사유 중 48.1%가 괴롭힘과 관련 있다는 결과가 나왔죠. 직장 내 괴롭힘으로 인한 손해 비용이 건 당 약 1550만 원 정도라는 연구 결과도 있습니다.

하지만, 이제는 '업무'를 빙자해 직원들을 괴롭히기 어렵게 되었습니다. 2019년 7월 16일 시행된 개정 근로기준법 제76조 2항에 '직장 내 괴롭힘의 금지'가 명문화되었기 때문입니다. 90년대생 직장인들을 '일로 다스리겠다'는 생각을 하는 관리자는 근로기준법 위반 소송을 당할 각오를 해야 합니다. 괴롭힐 의도가 전혀 없었고, 직원을 육성하기 위해 일을 시켰다고 해명해봤자 소용이 없습니다. 게다가 기업 이미지 손실, 인재 채용의 어려움, 부서 분위기 악화 등 감당하기 어려운 리스크를 감수해야 합니다. 일로 직원을 괴롭혀서 조직관리를 수월하게 해보겠다는 생각은 아예 하지도 않는 것이 좋습니다. 이런 관리자는 단순히 업무에 부가가치를 더하지 않는 것이 아니라, 적극적으로 조직에 해를 입히는 것이기 때문입니다.

5. "차라리 내가 하고 말지."

일부 관리자들은 누구에게 업무를 배분할지 고민하느니 팔을 걷

어붙이고 본인이 직접 하는 경우가 있습니다. 아직 실무에 자신이 있고, 팀원들에게 아쉬운 소리를 하기 싫어하는 관리자들이 종종 그렇게 합니다. 하지만, 이렇게 한다고 팀원들이 관리자의 수고를 알아주는 것도 아니고 또 일부는 자신이 업무를 배울 기회를 충분히 주지 않는다고 더 싫어할 수도 있습니다. 몸은 몸대로 피곤하고 조직원들의 신뢰까지 잃는 셈이지요.

이전에 같이 근무했던 재무 관리자가 그런 경우였습니다. 누구나 인정하는 실력파에다가 부하 직원들이 조금만 모르겠다고 하면 이렇게 말했습니다. "그래? 그럼 신경 쓰지 마, 내가 할게." 그리고 직접 처리를 했죠. 아이러니하게도 그 부서는 업무 대비 인원이 제일 많았는데도 팀원들은 항상 일손이 부족하니 사람 더 뽑아달라고 아우성이었습니다. 관리자는 팀원들이 할 일까지 매일 집에 싸가지고 가서 새벽까지 일을 하는데도, 부서 이직률은 회사 전체에서 최고였습니다. 관리자도 1년쯤 그렇게 하더니 앓아눕고 말더군요. 진정한 관리자는 자기가 할 수 있더라도 직원들을 육성해서 조직의 힘으로 일을 할 수 있도록 하는 사람입니다.

지금까지 논의를 종합해보면, 관리자로서의 부가가치를 충분히 발휘하면서도 직원들에게 너무 많이 또는 너무 적게 일을 주지 않는 방법이 무엇일지가 중요하다는 판단에 이르게 됩니다. 이런 판단에 도움을 주는 모델이 '이중 임계치 모델dual threshold model'입니다.[14] 다음 그림에서 구간 A는 관리자가 일을 제대로 시키지 못해서 팀 성과 발휘를 어렵게 하는 경우입니다. 반대로 구간 C는 일

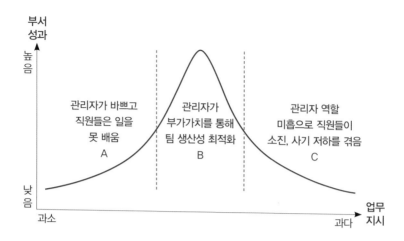

을 너무 과도하게 시키고 업무 지시권을 남용하여 팀 성과가 떨어지는 상황으로 볼 수 있습니다. 효과적인 관리자는 구간 B에 머무르며 적절한 팀 업무량을 판단하고, 상당 부분의 권한을 위임하며, 중요한 결정은 제때 내려주어 팀원들이 인풋 대비 많은 아웃풋을 내도록 돕는 사람입니다. 이것이 바로 '관리자로서의 부가가치'를 창출하는 방법입니다.

14. Deanna Geddes, Ronda Roberts Callister (2007), Crossing the line(s): A dual threshold model of anger in organizations. AMR, 32, 721-746, https://doi.org/10.5465/amr.2007.25275495.

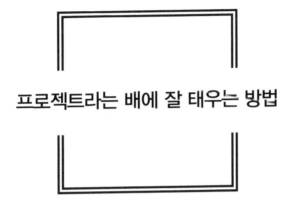

프로젝트라는 배에 잘 태우는 방법

업무의 '방식' 관점에서 90년대생들이 선호하는 것은 프로젝트 방식의 업무입니다. 물론, 프로젝트 업무라는 것이 새로울 것은 없습니다. 프로젝트는 어떤 기업에서도 하고 있는 것이기 때문입니다. 하지만, 모든 조직에서 프로젝트 방식의 업무를 적극적이고 효과적으로 활용하는 것은 아닙니다. 예를 들어보죠. 컨설팅 기업 베인앤컴퍼니가 조사를 했더니, 전통적인 조직에서 혁신 프로젝트를 수행했을 때 성공 확률은 10~11% 정도 된다고 합니다. 반면 애자일 팀이 수행하면 평균 40%의 성공을 거두고, 복잡도가 높은 프로젝트의 경우는 그 차이가 여섯 배까지 벌어진다고 합니다. 그만큼 프로젝트 방식의 업무는 어떻게 하느냐에 따라서 성과의 편차가 큰 업무 방식입니다.

아직 꼰대는 되고 싶지 않습니다

프로젝트를 경험하게 하는 것의 장점

프로젝트 방식의 업무가 90년대생에게 어필하는 이유는 크게 세 가지입니다. 첫째, 개인의 커리어 관점에서 유리합니다. 장기적으로 볼 때 한 부서에서 오랫동안 같은 업무를 하는 것보다 다양한 프로젝트를 경험하는 것이 나중에 이직이나 연봉 협상을 할 때 좋습니다. 둘째, 프로젝트 조직은 수평 조직에 가깝습니다. 완전히 스타트업이나 글로벌 기업을 가지 않는 경우라면, 프로젝트로 일을 많이 하는 기업이 일하기에 좋습니다. 셋째, 업무가 더 재미있습니다. 프로젝트 업무는 명확한 목표하에 정해진 납기를 가지고 우수한 팀원들이 모여서 일을 하기 때문에 배우는 것도 많고 업무 자체도 재미있게 할 수 있습니다. 이 이유들에 대해 각각 좀 더 자세히 살펴보겠습니다.

1. 프로젝트 경험이 커리어 가치를 높인다

90년대생들은 커리어에 대한 고민이 깊습니다. 과거 선배 세대들이 대학을 다니면서 여유 있고 낭만적인 학창 시절을 보냈던 것과는 달리 1~2학년 때부터 쉴 틈 없이 학점을 관리하며 취업 스펙을 쌓고, 방학 때는 인턴십을 했습니다. 틈만 나면 취업 스터디도 모자라 취업한 선배들을 찾아가서 상담과 조언을 받아가며 취업 준비를 했습니다. 이들이 첫 직장을 일찍 그만두는 것은 사실이지만, 그것은 본인들이 꿈꾸어온 직장의 모습과 너무 달라서 그런 것이지 커리어에 대한 관심이 없어서가 아닙니다.

기술과 시장의 변화가 빠르고 경쟁이 치열한 환경 속에서 한 회사에서 오래 근무하는 것은 점점 어려워지고 있고, 90년대생 직장인들에게도 예외는 없습니다. 따라서, 지금 있는 회사만 믿고 있을 수 없으며 적절한 전직을 통한 커리어 개발이 필수가 되었죠. 언제 일자리가 없어지더라도 다시 새로운 직장을 찾기 위한 준비도 필요합니다. 새로운 직장을 구하기 위해서는 이전 직장에서 수행한 업무 경험이 필수적인데, 시장에서 제일 쳐주는 것은 바로 프로젝트 경험입니다. 그래서 요즘 경력 10년 차 정도 구직자들의 이력서를 보면 프로젝트 20~30개 정도 경험이 없는 사람을 찾기 힘들 정도입니다.

기업의 채용 담당자들이 프로젝트 경험을 중요하게 보는 이유는 프로젝트 경험과 실제 업무 능력이 비례하기 때문입니다. 프로젝트는 기획, 조사, 분석, 실행, 모니터링 등의 폭넓은 과업을 수행하기 때문에 프로젝트 경험이 많으면 해당 직군 전문 지식 외에도 협업, 소통, 창의성, 문제 해결, 전략적 마인드 등 소프트 스킬도 우수하다고 보게 됩니다. 그렇기 때문에 대학생 인턴들을 평가할 때도 대부분 기업들은 조별 과제나 프로젝트를 수행하고 그 결과에 대해 프레젠테이션을 하도록 해 역량을 평가하는 것입니다. 전통적으로 유능한 젊은 직장인들이 컨설팅, 회계법인, 법무법인 등 지식 기반 전문직에 진출하고 싶어 하는 이유로도 돈을 많이 주는 것 외에 업무가 거의 100% 프로젝트 형태라는 점이 작용합니다.

프로젝트 경험이 회사를 옮길 때만 도움이 되는 것은 당연히 아닙니다. 현재 소속된 회사 안에서도 자기 자신을 알리고 어필하는 절호의 기회입니다. 직원이 수백 명이 넘는 조직에서는 누가 어떤 부서에 있는지 알기도 어려우므로, 부서 안에서 반복적인 업무만 하고 있으면 경력이 몇 년 쌓여도 존재감을 키우기 어렵습니다. 하지만 프로젝트 팀에 참여하여 여러 부서와 협업도 하고 결과 발표도 하다 보면 견문을 넓힐 뿐 아니라 자기 자신을 사내에 널리 알리는 계기가 될 수 있습니다.

2. 프로젝트 팀은 수평 조직에 가깝다

90년대생들이 프로젝트 방식으로 일하는 것을 선호하는 것은 수평 문화에 대한 선호 때문이기도 합니다. 그들은 전통적인 위계 조직이 꽉 막히고, 억압적이며, 권위적인 분위기가 강하다고 느낍니다. 어렵게 입사한 직장을 일 년도 못 견디고 그만두는 90년대생 직원들의 얘기를 들어보면 일 자체보다는 일을 하는 방식이 싫어서 그만둔다는 경우가 대부분입니다. 따라서 프로젝트 위주의 업무는 90년대생의 직무 만족도를 높이고 이직률을 낮추는 대안이 될 수 있습니다.

수평 조직은 관리자가 지시해서 일을 하기보다는 팀원들끼리 서로 얘기해서 할 일을 정하는 것이 일반적이고, 관리자가 미세관리를 하는 것이 거의 불가능하기 때문에 상사 눈치를 보지 않고 일에 몰입할 수 있습니다. 여러 단계의 승인, 결제를 거치지 않고 팀 안에서 결정하고 처리하기 때문에 좀 더 자율적으로 일을 할 수 있습니다. 본인이 능력과 열의만 있으면 90년대생도 모듈 리더 역할 정도는 얼마든지 할 수 있어 실력을 발휘하기도 좋습니다. 프로젝트 팀은 목적이 명확하기 때문에 불필요한 '사내 정치', '눈치 보기' 등에 신경을 덜 써도 됩니다.

2019년 이후 국내 기업들 사이에서도 '애자일' 혁신이 빠르게 도입되고 있는데, 이런 변화는 구성원들이 수평적으로 일할 수 있는 분위기에도 부합하는 것입니다. 애자일 문화가 잘 정착된 넷플릭스의 경우 매니저가 프로젝트 상황을 분석하여 앞으로 해야 할 업무의 목록과 내용(요구 사항)을 적어 칸반 보드Kanban board에 올리면 그 일을 하고 싶은 팀원이 알아서 일을 가져가서 한다고 합니다. 사람을 지정하지 않아도 목록만 써놓으면 칸반 보드에 남는 업무가 거의 없고, 간혹 아무도 안 가져가는 업무가 있으면 매니저가 판단하여 직접 처리하거나 누군가에게 배정하고 또는 취소하기도 합니다.

프로젝트형 업무 방식은 기존 조직의 '도제식' 직무 교육이 가진 한계를 극복하는 데도 효과적입니다. 위에서도 설명했지만, 도제식 모델은 한 명의 선배에게서 일대일로 일을 배우는 방식입니다. 그러다 보니, 후배는 선배에게 종속될 수밖에 없고, 이런 관계는 조직 안의 위계적인 질서를 고착시키는 미시적인 장치로 작용할 수 있습니다. 선배는 일을 가르쳐준다는 구실로 허드렛일을 강요하거나 자기 입맛대로 후배를 길들이려고 할 수 있는 것이죠. 하지만 프로젝트 팀에서는 모든 팀원들이 개방된 관계 속에서 함께

아직 꼰대는 되고 싶지 않습니다

일하고 수평적으로 피드백을 주고받기 때문에 연차가 짧다고 해서 부당하게 대하는 것이 어렵습니다.

3. 무엇보다, 재밌다

직장인들은 깨어 있는 시간의 대부분을 일하면서 보내지만, 회사 다니는 것이 재미있다고 하는 사람은 드문 것이 현실입니다. 일이 재미있어지기는 어렵겠지만, 최소한 일을 재미없게 만드는 요인을 줄여야 90년대생들이 더 열심히 일할 것이라는 것은 명백합니다. 그런 의미에서 프로젝트 방식의 업무는 전통 부서에 갇혀서 일하는 것보다는 훨씬 재미를 느낄 수 있는 방식입니다. 사람들이 일하면서 재미없다고 느끼는 대표적인 이유를 몇 가지 생각해볼까요?

- 정례적이고 변화가 없는 일 (다람쥐 쳇바퀴 돌 듯 하는 일)
- 왜 해야 하는지 모르는데 억지로 하는 일 (쓸데없는 일)
- 목표나 방향이 불분명한 일 ("이 길이 아닌가 봐.")
- 관리자가 수시로 확인하는 일 (등 뒤에서 느껴지는 감시의 눈초리)
- 내 주장이 반영되지 않는 일 ("답은 정해져 있으니, 시키는 대로 해.")

프로젝트는 항상 새로운 목표를 전제로 하기 때문에 도전적이고 변화무쌍합니다. 다람쥐 쳇바퀴 도는 일이라는 느낌과는 거리가 멀죠. 새로운 제품, 서비스, 혁신과 관련된 프로젝트는 지적인 호기심을 자극하여 그 자체로 재미를 느낄 만한 요소가 있습니다.

또한 명확한 납기를 전제로 하고, 목적을 달성한 후에는 새로운 프로젝트를 할 수 있으므로 다이내믹한 경험을 쌓을 수 있습니다. 프로젝트는 명확한 목적을 가지고 시작하고, 팀원들에게 상당한 권한이 위임되므로 관리자들이 시시콜콜 업무 내용에 간섭을 하거나 보고를 요구하는 경우가 드뭅니다.

프로젝트가 실패하지 않으려면

이런 장점에도 불구하고 프로젝트 역시 결과가 좋지 않은 경우가 많습니다. 이것은 프로젝트의 성공에 필요한 요인들이 잘 갖추어지지 않은 상태에서 일을 하기 때문입니다. 예를 들어, 충분한 전문성과 실력을 갖춘 인력들이 참여하지 않는 경우가 대표적입니다. 사람들은 우수하더라도 프로젝트의 목표가 뚜렷하지 않거나, 협업을 하기 위한 조직 개발이 제대로 이뤄지지 않는 경우도 문제입니다. 프로젝트 조직은 수평적인 조직을 전제로 일을 해야 하기 때문에 구성원 간의 피드백을 기반으로 한 자정 시스템과 성장에 대한 고려 역시 필수적입니다. 프로젝트 업무의 성공에 필요한 요소들을 다음과 같이 간단히 정리해봤습니다.

다양성과 전문성을 갖춘 팀 구성	• 자기완결적으로 프로젝트 목적을 완수하기 위해서 필요하다. • 전문성, 경험이 풍부한 베테랑과 창의성, 아이디어가 참신한 직원의 조화 • 핵심 역량을 갖추지 못하면 지속적으로 외부 조직 자원에 의존하게 된다.

아직 꼰대는 되고 싶지 않습니다

명확한 목표를 중심으로 협업 기반	• 공유된 책임 의식 (업무 범위 및 산출물에 대한 합의) • 지시와 명령에 의존하기보다 투명하게 협의하고 자발적으로 참여한다. • 팀원들이 소속감을 느끼고, 건설적인 토론을 할 수 있는 기반이 된다.
피드백을 통해 함께 성장	• 업무 성과 및 팀워크에 대한 시의적절한 동료 간의 피드백 • 부정적 행동의 교정 또는 역할 조정을 통한 자정自淨 • 업무 목적 달성 외에도 팀 구성원의 학습과 역량 향상을 중시한다.

최대한 유연하게 일할 수 있도록

전 세계를 덮친 코로나19는 지난 수십 년 동안 기업들이 스스로 바꾸지 못한 업무 패턴을 단시간 내에 변화시켰습니다. 많은 기업들이 재택근무를 전격 실시한 것이죠. 반응은 연령대별로 뚜렷이 나뉘었습니다. 미혼의 20~30대 직원들은 대체로 환호한 반면, 40~50대 관리자들은 불편을 호소하는 목소리가 컸습니다. 출퇴근 시간이 절약되고, 화장 및 복장에 신경을 쓰지 않고, 회의와 회식이 대폭 줄고, 커피, 옷, 화장품 등을 덜 쓴다는 장점과 비대면 조직 관리의 어려움, 일과 생활의 경계가 불분명, 가족 내 갈등 증대 등의 단점이 동시에 나타났습니다. 일부 관리자들은 재택근무 기간에도 눈치껏 회사에 출근하여 빈 사무실에서 업무를 처리했습니다.

대부분 90년대생 직원들이 재택근무를 좋아하는 것은 자기 시간을 스스로 통제할 수 있기 때문입니다. 사무실에 나가지 않아도

아직 꼰대는 되고 싶지 않습니다

되면서 출퇴근, 점심 시간, 불시의 호출, 잦은 회식 등 업무 외적인 일로 시간을 빼앗기는 것을 최소화해주니 말이죠. 하루 여덟 시간을 회사 일로 보내는 직장인에게 일하는 시간, 공간, 방식을 선택하는 것은 큰 의미가 있습니다. 실제로, 글로벌 사무공간 컨설팅 기업 IWG가 2019년 전 세계를 대상으로 실시한 조사에서 응답자의 83%가 유연근무제를 실시하는 회사에 우선적으로 입사할 것이라 답했고, 미국의 젊은 세대는 대부분 임금을 10~20% 인상시켜주는 것보다 유연근무제를 선호했습니다. 일에 대한 자기 결정권을 높인다는 데 큰 가치를 둔다는 의미로 해석됩니다.

유연근무가 '워라밸'을 개선하고 직원의 건강과 생산성을 모두 높인다는 증거는 많습니다. 위의 IWG 조사에서 응답자의 78%는 유연근무제가 워라밸을 향상시킨다고 믿었으며, 기업의 85%(한국 응답자 82%)는 업무 유연성 확대로 생산성이 향상되었다고 보고했습니다. 유연근무가 임직원들의 건강에 도움이 된다는 증거들도 계속 보고되고 있습니다. 영국 더럼대학교에서 이루어진 2010년 연구에 따르면 유연근무를 적용했을 때 수면의 질, 피로감, 혈압, 정신 건강 등 다방면에 긍정적인 영향이 나타날 뿐 아니라 직원의 소속감과 직무 만족도가 커지는 것으로 나타났습니다.

유연근무는 원래 1970년대 초반 미국에서 시작되었습니다. 처음에는 직원들의 '복지' 성격이 컸지요. 땅이 넓은 미국에서는 굳이 사무실 출근을 하지 않아도 되는 사람을 뽑기 위한 조건으로 재택근무가 좋은 옵션이었습니다. 유럽이나 일본은 도시 과밀화에 대한 대안으로 재택근무가 각광을 받았지요. 한국도 2010년 전후 스마트워크smart work가 정부주도로 본격 도입되었고 KT, 삼성전자, 포스코 등 유수 대기업들도 적극 참여했습니다. 정부는 2015년까지 우리나라 근로자 30% 정도가 유연근무를 하도록 한다는 목표까지 세웠었지요.

그러나 한국정보화진흥원이 2019년 실시한 스마트워크 실태조사 결과를 나타낸 아래 표를 보면 우리나라에서 재택근무제를 운영한 사업체는 9.7%에 불과하다는 것을 알 수 있습니다. 이 집계조차 '사업장' 기준(재택근무자가 한 명이라도 있으면 재택근무 사업장으로 인정)이기 때문에, '직원' 개인 기준으로 보면 사실상 무시할 만한 수준인 것이죠. 반면, 직원들의 64.2%는 재택근무가 필요하다 응답했습니다. 이 조사에서는 스마트워크의 유형을 다섯 가지로 구분합니다.

유형	개념	도입률
스마트오피스	사무실에 출근하되, 유연좌석제나 화상회의, 메신저 등 스마트 기기를 활용한 근무	91.7%
유연근무제	회사 사무실에 출근하되, 근무 시간을 유연화 (시차 출퇴근, 탄력근무, 재량근무)	32.6%
모바일오피스	회사 사무실에 출근하지 않고 현장에서 또는 이동하며 근무 (영업직, 서비스직 등)	22.9%
재택근무	회사 사무실에 출근하지 않고 자택에서 근무	9.7%
스마트워크 센터	회사 사무실에 출근하지 않고 자택 인근 별도 사무 공간 근무 (공유 오피스 등)	4.9%

　　　　　　　　　　　　아직 꼰대는 되고 싶지 않습니다

직원 개인이 느끼는 유연성의 정도는 '스마트오피스 〈 유연근무제 〈 모바일오피스 〈 재택근무 〈 스마트워크 센터'의 순서로 커집니다. 하지만 앞의 표에서 보면 도입률은 그 반대로 되어 있습니다. 스마트워크 초기에 전국 최초로 공무원 시간제 근무를 도입했던 동대문구와 송파구는 시간제 유연근무 수요조사 단계에는 각각 131명과 64명이 희망 의사를 밝혔지만, 막상 제도를 시행했더니 신청자가 각각 1명과 5명으로 대폭 줄었던 사례도 있습니다. 이런 사례는 유연하게 일을 하도록 하면 사람들이 열심히 일을 하지 않고 통제하기가 어려워진다는 부정적 인식의 결과라고 의심하게 됩니다. 하지만 모바일 및 클라우드 기술의 발전, 디지털 협업에 익숙한 젊은 세대의 부상, 코로나19 등으로 인해 우리의 업무 환경은 다음의 관점에서 봐야 하도록 바뀌었습니다.

1. 유연한 근무 방식은 고용 경쟁력의 필수 요인

　　이제는 시차출퇴근, 재택근무, 스마트오피스 등이 기업문화의 강점인 시대가 아니라 그런 것들을 허용하지 않는 것이 인재 확보에서 약점으로 인식될 것입니다. 특히 한창 실무 역할을 하는 80~90년대생들은 월급을 10% 더 주거나 승진을 시켜주는 회사보다 유연하게 근무할 수 있는 기업을 더 선호한다고 합니다. 한 국내 조사에서는 응답자의 46%가 업무 환경에 대한 선택권이 회사의 명성보다 중요하다고 답변했습니다. 유연한 근무를 허용하는지는 단순히 어떤 인사제도가 있고 없고의 문제가 아니라 기업문화

전반의 유연성을 보여주는 '상징적' 요소로 비쳐집니다. 한번 재택근무를 '제대로' 경험하고 그 장점을 확실하게 체감한 직원들은 과거의 경직되고 천편일률적인 근무 방식으로 돌아가기 어렵습니다. 심리학에서 흔히 '상실 회피loss aversion'이라고 하는 심리적 메커니즘이 작용하기 때문입니다.

2. 유연한 근무 방식이 생산성을 낮추지 않는다는 증거

과거 재택근무에 대한 반대 목소리의 근거는 생산력이 떨어지고 팀워크가 되지 않는다는 것이었습니다. 그런 데이터도 일부 있었지요. 하지만 코로나19로 대규모 '실험'이 이뤄진 결과, 실제로 그렇지 않다는 경험이 쌓였습니다. 《매경이코노미》가 2020년 5월 직장인 400명을 대상으로 조사한 결과 53%는 재택근무와 일반 출퇴근 근무 간 업무 차이가 없다고 답했고, 오히려 성과가 더 좋아졌다는 응답도 26%였으며, 21%만이 성과가 떨어진다고 응답했습니다. 9월에는 경영자총협회가 매출 상위 100대 기업을 조사한 결과로는 88.4%가 사무직 재택근무를 시행했는데 그로 인한 생산성이 사무실 근무 방식과 비교해 큰 차이가 없다는 것을 알 수 있었습니다.

3. 유연한 근무 방식으로 위계적 문화의 부정적 측면 완화

상명하복, 비효율적 회의, 눈치 야근, 회식과 과음 등 90년대생이 싫어하는 전통적 조직문화의 부정적인 측면을 불식시키는 데 어떤 제도나 캠페인보다 확실한 것이 근무 방식을 유연하게 바꾸는 것입니다. 직접 소통, 팀 빌딩, 아이디에이션ideation 등 대면이 꼭 필요한 업무가 있다면 전통적인 출근 방식과 유연한 근무를 조합하는 '하이브리드hybrid' 방식으로 해결할 수 있습니다. 예를 들어 일주일에 출근 2일, 재택 3일 식으로 운영을 하는 것입니다. 한 조사에서는 "유연근무를 잘 정착시키기만 하면, 조직의 민첩성 강화에도 도움이 된다"라는 응답이 55%에 달했습니다. 실리콘밸리 선도 기업들이 근무 시간, 장소, 복장, 방식 등에 대해 관리를 전혀 하지 않는 것은 이미 오래된 일입니다.

유연근무가 정착되려면

앞서 언급한 IWG 2019년 조사에서 '유연한 근무 방식이 정착되기 어려운 가장 큰 요인'으로 '조직 문화'가 꼽혔습니다. 여러 나라를 대상으로 살펴보면 평균적으로 60%가 여기에 동의했고, 한국의 경우 72%의 응답자들이 이에 동의했습니다. 조직 문화에 미치는 중간 관리자의 영향력을 감안하면 관리자들이 생각과 행동을 바꾸지 않을 경우엔 유연근무가 제대로 정착되기 어렵다고 해도 과언이 아닙니다. 근무 시간, 장소, 방식을 직원 자율에 맡기면 통제가 안 된다거나 소통의 한계로 팀워크가 어렵다는 등의 단점이 있다며 자율적인 근무 환경을 허용하지 않는 관리자들은 유연한 방식으로 근무하는 직원들에게 평가상의 불이익을 주기도 하지요. 90년대생을 포용하는 중간 관리자는 직원들을 믿고 최대한 그들이 업무 환경에 대해 자기선택권을 가질 수 있도록 해줘야 합니다. 그러기 위한 몇 가지 팁을 정리해봤습니다.

1. 유연근무 솔선수범

직원들에게는 편하게 유연근무, 재택근무를 하라고 하면서 본인은 어떤 유연근무 방식도 시도하지 않는다면 직원들이 눈치를 볼수밖에 없고 편한 마음으로 일을 할 수 없습니다. 본인의 워라밸, 취미활동, 자기계발, 가정 생활 등을 위해서도 유연 근무를 적절히 활용하는 것이 당연히 좋습니다.

2. 정확한 업무 지시

업무 지시는 항상 정확해야 하지만, 시공간적으로 떨어져 있는 직원에게 지시를 할 때는 더욱 정확한 방식으로 정보를 제공해야 합니다. 사무실에서 같이 있을 때처럼 오고 가며 '잘되고 있는지' 확인하기 어렵기 때문입니다. '휘발되는' 구두 지시보다는 근거가 남는 서면 지시가 좋고, 배경, 맥락까지 포함한 정보를 제공할 필요가 있습니다.

3. 팀원 간 업무 균형

재택근무를 하면 업무 진도가 뒤떨어지는 직원에게 적절히 코칭 및 개입을 하기 어려워 유능한 직원에게 자꾸 일을 몰아주는 실수를 범하기 쉽습니다. 그렇게 되면 일 잘하는 직원들은 소진burnout될 수 있고, 반대로 업무를 받지 못하는 직원들은 소외감과 불안감을 느낄 수가 있으므로, 균형을 잘 지킬 필요가 있습니다.

4. 결과물 중심의 성과 관리

근태 준수, 근무 시간 등 인풋 중심에서 아웃풋 중심으로 성과 관리 프레임이 바뀌어야 합니다. 달성하려는 결과에 대해서만 확실하게 합의가 되어 있다면 언제, 어디에서 일하든 신경 쓸 필요가 없지요. 성실한 '근태'와 열심히 하는 '모습'을 중시했던 것은 결과물에 대한 이미지가 명확하지 않아서인 경우가 많습니다.

5. 직원에 대한 신뢰

업무 역할이 정확히 부여되었다면, 눈에 보이지 않더라도 직원들이 스스로 일을 잘하고 있을 것으로 믿어야 합니다. 수시로 업무 현황을 물어보거나 보고하게 하는 것은 유연한 근무 방식의 취지에 맞지 않습니다. 코로나19로 재택근무를 실시한 한 국내 회사가 직원들에게 한 시간 단위로 업무 상황을 보고하라고 했다가 질타를 받은 사례가 있습니다.

6. 창의적인 팀 빌딩

사무실에 같이 있을 때는 분위기, 눈치 등으로 파악 가능한 정보가 많지만 재택근무 상황에서는 그런 '비정형적' 정보를 얻기 어렵습니다. 팀으로서 일하고 격려하고 서로 배우는 관계를 유지해야 합니다. 한자리에 모이기 어려울 때는 온라인으로 대체합니다.

7. 개인에 대한 배려

기계적인 제도를 넘어 개인에 맞춤형 방식으로 근무를 조정할 수 있습니다. 예를 들어, 건강에 관심이 많은 직원에게는 주3일 낮 시간 중 두 시간 운동을 하는 대신 저녁에 한두 시간 추가 근무를 통해 부족한 업무를 보충하도록 한다거나, 어린 자녀를 둔 맞벌이 여직원은 오후 네 시에 퇴근하여 어린이집에서 아이를 픽업하고 저녁 식사를 챙겨준 후 밤에 두 시간 정도를 재택근무를 하도록 하는 것 등이 좋은 예입니다.

구체적이고 직설적으로 지시하면 뒤탈이 없다

김 수석(경력 10년 차): "이봐, 최 선임! 내가 언제 그렇게 얘기를 했나? 아니, 말귀를 그렇게 못 알아들어서 어쩌려고?"

최 선임(경력 3년 차): "수석님이 말씀하신 대로 한 건데요. 분석을 하라고 하셨지, 시사점 말씀은 없었잖아요?"

김 수석: "시사점 빠진 게 무슨 분석이야. 당연히 써야지. 내가 그런 것까지 시시콜콜 얘기를 해줘야 해?"

최 선임: "그럼 다음부터는 구두로 하지 말고, 문서로 써서 지시해주시면 좋을 것 같습니다."

김 수석: '(마음속으로) 어이구, 저 화상. 한 마디도 안 지지. 차라리 내가 그냥 할걸, 도움 안 되는 인간 같으니……'

최 선임: '(마음속으로) 자기가 업무 지시를 두루뭉술하게 해놓고, 괜히 나한테 지적질이야! 짜증 나게……'

기성세대 관리자와 90년대생 직원 사이에서 있을 수 있는 대화 풍경입니다. 두 사람 모두 자기가 옳다고 생각하고, 상대의 행동 양식이 이해가 안 되고 답답하다고 느끼고 있습니다. 사실, 이런 상황이 생기는 이유는 누구의 잘못이라고 단정하기 어렵습니다. 그냥 서로 다른 것이죠. 하지만, 이런 차이는 어느 시대에나 존재하는 '세대 차이'와는 조금 의미가 다릅니다. 여기에 대해 좀 더 깊이 이해하려면 문화의 '맥락성'을 살펴볼 필요가 있습니다.

미국의 인류학자 에드워드 홀Edward Hall은 세계 각국의 문화적 유형을 의사소통 방식에 따라 크게 '고맥락 문화high context culture'와 '저맥락 문화low context culture'로 구분한 바 있습니다. 고맥락 문화에서는 메시지 자체보다도 맥락(사람의 직급, 나와의 관계, 처한 상황, 표정과 몸짓, 은유적 표현 등)이 더 중시됩니다. 반대로 저맥락 문화는 메시지 자체를 구체적이고 명확하게 표현하는 데 집중하고 맥락에는 크게 신경을 쓰지 않습니다. 이런 차이는 친구를 사귈 때, 업무상 협업, 외교 협상이나 비즈니스를 할 때 등 다양한 상황에서 중요합니다. 두 문화의 차이를 '소통' 방식에 한정해 비교해보면 다음과 같습니다.

고맥락 문화 high context culture	• 암묵적으로 알고 있는 것은 생략하고 함축적으로 소통 • 짧은 표현으로 많은 의미와 뉘앙스를 효율적으로 전달 • 맥락을 잘못 해석하면 실수하기 쉬움 ('눈치' 부족으로 지적당함)
저맥락 문화 low context culture	• 모호한 표현은 피하고 구체적이고 명시적인 방식으로 소통 • 메시지가 명확하여 오해할 위험이 적음 • 표현이 적나라할 수 있고, 소통에 시간이 많이 소요됨

아직 꼰대는 되고 싶지 않습니다

두 가지 문화는 각기 장단점이 있어 어느 쪽이 더 낫다고 할 수는 없습니다. 준거하는 문화가 같은 사람끼리만 있을 때는 자신들의 소통 특성이 그렇다는 것을 잘 인지하지 못합니다. 문제는 서로 다른 스타일의 사람들이 만났을 때입니다. 이문화 소통 상황에서 그런 차이를 많이 느끼지요. "언제 밥 한번 먹자." 이 말을 한국 사람은 그냥 인사치레로 하는 경우가 많지만, 미국 사람들은 진짜 밥을 같이 먹자는 것으로 이해합니다. 일본 사람이 만약 "시간 봐서 한번 갈게."라고 하면 영국 사람은 "그게 무슨 말이죠? 온다는 거예요, 안 온다는 거예요? 언제 오실 건데요?"라는 식으로 캐물을 수 있습니다.

눈치 있길 기대하지 말고 명확하게 지시하라

90년대생의 소통 스타일은 미국 사람들과 비슷한 면이 있습니다. 맥락보다는 팩트를 중시하고 원하는 것은 정확하게 요구하며 싫은 것은 싫다고 말합니다. 기성세대가 보기에는 불편하고 거북하고 당돌하다고 느낄 수 있는 부분입니다. 이렇게 달라진 것은 우리 사회의 변화상이 반영된 결과로 봐야 합니다. 우리 전통 문화는 집단을 우선시하고 집단 내에서 자신의 위치에 맞게 행동하는 것이 기본이었습니다. 생활 양식과 삶의 경험이 비교적 동질적이었기 때문에 생각과 가치도 비슷한 편이었지요. 소통에 있어서도 간략하고 함축적인 표현이 적절한 것이었고, 교육 역시 모든 사람을 '표준'에 맞는 사람으로 길러내는 방식이었습니다.

90년대생들이 자란 환경은 많이 달랐습니다. 사회 여러 측면에서 다양성이 커졌지요. 평균 수명은 늘고, 출산율은 감소했습니다. 이혼이 흔해지고 1인 가구가 급증했지요. 해외 여행 및 거주 경험자가 많아지는 한편, 생활 속에서 외국인과 마주치는 일도 잦아졌습니다. 교육도 평준화를 벗어나 다양한 형태의 사교육과 해외 유학 및 연수가 일상화되었고, 교육을 받는 아이들은 '특별하고, 뭐든지 될 수 있는 아이'라는 식으로 세뇌받았습니다. 이렇게 다양성과 개인주의가 강화될수록 소통 방식은 저맥락 문화에 맞게 바뀝니다. 말하자면, 사회가 그만큼 더 '미국화'된 것이죠. 한국의 90년대생은 적어도 가치관, 행동 양식에 있어서는 미국의 90년대생과 크게 다를 바가 없다고 봅니다.

앞의 대화 사례는 고맥락 소통에 익숙한 관리자와 저맥락 소통에 익숙한 직원 간의 마찰이 드러난 것입니다. 윗사람은 두루뭉술하게 지시를 해도, 아랫사람이 '눈치' 있게 이해하고 결과물을 만들어오기를 바란 것이죠. 반면, 90년대생은 자신이 전달받은 지시 내용을 바탕으로 주어진 미션을 빠르게 완수하는 데 집중하는 편입니다. 따라서, 중요한 정보를 빠뜨리고 지시를 하면 결과물에서 그 내용이 빠지는 경우가 많은데 또 간섭을 좋아하지 않다 보니 전후 사정을 잘 설명하는 것이 정말 중요합니다.

조금 귀찮더라도 직원이 알아듣기 쉽게 업무지시를 했다면 불필요한 마찰도 없고 결과도 더 빨리 나올 수 있지 않았을까요? 업무지시가 불명확해서 모르겠다고 대놓고 말하는 직원은 차라리 괜찮

아직 꼰대는 되고 싶지 않습니다

습니다. 문제는 창의성을 기대하지 않았던 방향으로 발휘하여 전혀 기대하지 않은 결과물을 가져올 때입니다. 경험이 부족한 직원에게 충분한 설명이 없이 업무 지시를 하면 아이디어만 기발한 엉뚱한 결과물을 가져오는 경우가 종종 있다는 것이 90년대생들과 자주 일을 하는 관리자들이 이구동성으로 지적하는 부분입니다. 그렇다면, 90년대생이 오해하지 않도록 명확한 지시를 하기 위해 어떤 부분을 신경 써야 할까요?

1. 업무를 알고 지시해야 한다

관리자가 업무를 알고 시키는 것과 모르고 시키는 것은 천양지차입니다. 어떻게 모든 업무를 다 알면서 시키냐고 항변을 할 수도 있지만, 내용을 모르고 지시하면 여러 가지 문제가 생깁니다. 애초에 할 필요가 없는 일을 시키거나, 취지에 맞지 않는 결과물로 인해 재작업을 할 수도 있습니다. 중요한 일을 하고 있는 직원에게 추가 지시로 인해 낭비가 발생하기도 하고, 관리자의 신뢰를 깎아먹는 경우도 자주 발생합니다. 예를 들어, 비효율적으로 일을 시켜놓고 나중에 "미안한데 방향이 좀 바뀌었다"라는 식으로 재작업을 요구하면 부당한 희생을 요구한다고 느낍니다.

2. 일의 의미와 목적을 설명한다

업무 '내용'에 앞서 '목적'을 알려줘야 합니다. 업무 목적에는 '배경'과 '고민'도 포함되어야겠지요. 일의 목적도 잘 모르는데 일단 준비해서 가지고 오라는 식으로 지시하면 아무리 기다려도 결과가 나오지 않습니다. 특히 직원이 그 업무를 처음으로 할 때는 말입니다. 그리고 의미와 목적에 대한 설명은 직접 해야 합니다. 다른 사람을 시켜서 전달하면 전달의 정확도가 떨어지기 때문입니다. 한국 대기업 관리자들이 보고서를 리뷰하면서 흔히 하는 피드백이 아웃풋 이미지가 안 보인다는 것인데, 이런 결과는 대개 관리자가 일의 목적을 정확히 이해시키지 못했을 때 나옵니다.

3. 정보와 자원을 제공하면서 지시한다

업무만 지시하고 그것을 수행하는 데 필요한 정보, 가이드, 자원은 전혀 주지 않는 것도 오해를 살 수 있습니다. 관리자들은 자신이 원하는 결과물만 얘기하면 그에 필요한 정보와 자원 등을 직원이 알아서 찾아서 해결할 것이라고 믿습니다. 하지만 90년대생은 자신이 전달받은 정보, 자료, 데이터의 범주 안에서 결과물을 만들면 된다고 생각합니다. 보급을 제대로 받지 못한 군대가 전투에서 싸워 이기기 어렵듯이, 자원과 정보가 부족한 채로 업무를 수행하는 직원은 좋은 결과를 내기 어렵습니다. 이런 문제를 예방하기 위해 결정을 다 내리고 나서 지시하기보다는 기획 단계에서부터 직원을 참여시키는 것도 좋은 방법입니다.

4. 직설적 화법으로 말한다

기성세대들은 은유나 비유를 적당히 섞어서 우회적으로 표현하

아직 꼰대는 되고 싶지 않습니다

고, 그런 메시지를 듣고도 이면의 숨은 뜻을 이해하는 데 익숙합니다. 업무 지시도 "아, 그거 있잖아, 무슨 말인지 알지?"라는 식으로 두루뭉술하게 하고, '개떡같이 얘기해도 찰떡같이' 알아듣기를 바랍니다. 하지만, 인간의 뇌는 시각 메시지를 해석하는 데보다 청각 메시지를 해석하는 것에 더 많은 에너지를 소모한다고 합니다. 게다가, 검색과 영상 위주의 파편화되고 찰나적인 소통 양식에 중독되다시피 한 90년대생은 어렵게 얘기하면 무슨 말인지 못 알아들을 가능성이 높습니다. 최소한 업무 지시만이라도 아주 직설적이고 단순한 언어를 쓰는 것이 젊은 직원들을 도와주는 방법이 될 수 있습니다. '무엇(결과물)'이 '언제까지(납기)' 필요하고 '어떤 내용(목차)'이 담겨야 하며, 그것을 '어디에(방향)' 쓸 것이니 '어떤 자료(레퍼런스)'를 참고하라고, 또 잘 만들어졌는지를 볼 때는 '어떤 점들(평가지표)'을 보겠다는 식으로 명확하게 얘기해주는 것이 좋습니다.

"무조건 빨리 해드릴 수는 없어요."

이전 세대가 무조건 '빨리빨리' 일을 하는 편이었다면, 일 잘하는 90년대생은 업무의 가치까지 고려한 속도를 중요시합니다. 최근 90년대생에게 일을 시켜본 관리자들이 공통적으로 하는 말이 있습니다. 일의 의미와 이유를 설명하지 않고 하라고만 하면 기한이 주어져도 속도가 나지 않는다는 말입니다. 왜 해야 하는지 알면 열심히 하는데, 그게 설득이 안 되면 최선을 다하지 않는다는 말도 합니다.

90년대생에게 업무를 줄 때 생각할 실마리가 이런 말 안에 들어 있습니다. 이들은 하지 않아도 되는 일을 빨리 하는 것은 비효율이라고 보기 때문에 지시받은 일이라도 즉각 하기보다는 일단 잘 따져보고 우선순위를 배분하여 하려고 합니다. "그 일은 지금 하고 있는 일을 먼저 끝낸 후 내일 오후에 해드리겠습니다." 90년대생이 이렇게 말해도 조금 느긋하게 기다려보는 것이 어떨까요?

아직 꼰대는 되고 싶지 않습니다

지적은 하되 과하지 않게

중앙 공무원의 교육과 연수와 관련된 업무를 담당하는 국가공무원인재개발원은 2020년 5월 신입 사무관 100명을 대상으로 온라인 설문 조사한 결과를 발표했습니다. '업무 의욕을 떨어뜨리고 마음이 멀어지게 하는 과장님'이 어떤 사람인지 묻는 문항에 대해 가장 많은 74%의 응답자들이 '공개적 질책을 하는 경우'라고 답을 했습니다. 중앙부처의 '과장'은 행정고시를 패스하여 5급으로 임용된 후 13~17년 정도 근무했을 때 올라가는 직위로, 민간기업으로 치면 팀장급에 해당합니다. 의견을 무시하고, 다른 사람 험담을 하고, 시키면 시키는 대로 하라는 식의 꼰대짓을 하는 것보다 대놓고 사람을 질책하는 행동이 더 싫다는 얘기입니다.

90년대생에 대한 얘기를 하면 "그중에도 일 못하는 직원들이 있는데, 잘못해도 지적을 하지 말라는 말이냐?"라며 따지는 관리자들이 꼭 있습니다. 맞습니다. 젊은 직원들 중에서도 분명 고성과자와 저성과자가 있을 수 있는 것이고, 모든 사람을 90년대생이라는 틀에 집어넣어 일률적으로 대해야 한다는 것은 어불성설이죠. 하지만, 진심에서 잘되라고 따끔하게 지적하는 것과 자신의 감정(화, 짜증)을 마구 쏟아내는 것은 다릅니다. 과한 질책이 좋은 결과로 이어지지 않는 데는 이유가 있습니다. 일방적이고 폭력적인 질책을 하는 이면에는 다음과 같은 세 가지 암묵적인 가정이 숨어 있기 때문이죠.

1. 상하 관계

질책하는 사람이 질책당하는 사람보다 우월하고 지배적인 위치에 있다는 것입니다. 비록 한심한 실수를 했더라도 그 사람이 나와 대등하거나 상위자인 경우에는 마음속으로 욕은 하더라도 대놓고 질책은 하지 못합니다. 즉, 질책을 한다는 것은 상하 관계를 확인하는 행위가 되는 셈입니다.

2. 책임 한정

누군가를 질책한다는 것은 자신의 책임을 인정하지 않는다는 의미입니다. "너희 중에서 죄 없는 자만 이 여인에게 돌을 던져라." 간음한 여인을 돌로 쳐 죽여야 한다는 율법학자와 군중들에게 예수님이 이렇게 말했더니 모두 입을 다물고 흩어졌다는 성경 이야기가 있지요. 직원의 잘못을 크게 질책하는 관리자는 "너의 잘못은

아직 꼰대는 되고 싶지 않습니다

내 책임이 아니야"라고 말하는 셈입니다.

3. 능력 과시

'나라면 그런 잘못을 안 했을 텐데……'라고 생각하는 것입니다. 하지만, 처음부터 완벽하게 일을 잘하는 사람이 얼마나 될까요? 자신도 시행착오를 거쳐서 업무를 배운 것이라면 역지사지하는 마음으로 생각할 수도 있는 일입니다. "최 대리, 나도 저 연차 때 사고 많이 쳤어. 이번 일로 좋은 경험했다고 치고 더 열심히 해." 이렇게 얘기하면 얼마나 좋을까요?

직원에 대한 질책의 정도가 지나치면 받는 입장에서는 '폭력적'이라고 느낄 수 있으며 당연히 마음에 상처를 입습니다. 90년대생은 더할 수밖에 없습니다. 그들은 어려서부터 "너는 뭐든지 알 수 있어" 혹은 "너는 잘났어"라는 식으로 칭찬과 인정을 받으면서 자신감을 최대한 키워온 세대입니다. 부모나 선생님의 체벌이나 호통을 별로 들어본 적이 없고, 심지어는 군대에서도 과거와 비교하면 얼차려나 가혹행위가 많이 없어진 환경에서 지냈기 때문입니다. 그런데 다 큰 어른이 되어 직장에서 인격 모독 수준의 질책을 받는다면 어떻게 견디겠습니까? 90년대생은 평가받는 것에 대해서도 민감합니다. 과거에는 야단을 맞더라도 소주 한잔하고 툭툭 털고 넘겼을 만한 일에 90년대생은 크게 상처를 받습니다. 야단을 치는 방식이 거칠고 세심함이 부족한 경우라면 더욱 그렇습니다.

잘못한 행동에 대해서만 비공개적으로

사회 속에서 인간의 행동에 영향을 미치는 것은 이성보다 감정이고, 여러 가지 감정 중에서 가장 큰 영향을 미치는 요소는 바로 두려움(공포)입니다. 공포는 인간의 생존과 직결되는 감정이며 DNA에 깊숙이 새겨져 있지요. 공포는 사람이 어떤 일을 '하도록' 하기보다는 '하지 못하게' 하는 데 최적화된 감정입니다. 사람이 불안을 느낄 때는 문제해결(인지) 능력이 제약되고 기존 방식을 잘 바꾸려고 하지 않는다는 것을 보여주는 수많은 연구 결과가 있습니다. 따라서 직원이 두려움을 느낄 정도로 질책을 하게 되면 그 직원은 앞으로 더 잘하기 위해 개선할 생각을 하기보다는 변명이나 책임 회피, 업무 기피와 같은 부적절한 자기방어 기제 뒤로 숨어버릴 수 있습니다. 이런 반응이 조직의 발전에 도움이 될 리가 없습니다. 관리자와 직원의 관계가 경색되는 것은 말할 것도 없지요.

그렇다고 해서 젊은 직원들의 잘못과 실수를 그냥 넘어가야 한다는 얘기는 결코 아닙니다. 지적을 하되 적절해야 한다는 것이죠. 그렇다면 어떻게 하는 것이 적절한 지적이 될 수 있을까요? 여기에는 두 가지 관점이 중요합니다. 하나는 지적의 '수준'(강도)이고, 또 하나는 지적의 '방법'(스타일)입니다. 즉, 적절한 강도로 요령 있게 지적을 해야 합니다. 우선 강도는 따끔한 정도가 되어야 합니다. 아파서 견디기 힘들 정도가 되면 안 됩니다. 그렇다고 아무 느낌이 없을 정도로 무딘 지적도 효과가 없습니다. 그런데, 관리자들이 무딘 지적으로 문제가 생기는 경우보다는 너무 나가서 상처를 주는 경우가 일반적입니다.

질책을 할 때는 눈물이 핑 돌게 해야 한다거나, 화끈하게 질책하되 뒤끝이 없으면 된다고 믿는 관리자들이 꽤 있습니다. 하지만 질책의 도가 지나치면 오히려 효과가 떨어질 수 있다는 것을 모르는 얘기입니다. 심리학자들은 이를 두고 '면죄부' 효과라고 합니다. 자기가 저지른 실수나 잘못보다 더 심한 질책을 받았을 때는 자기 잘못에 대한 대가를 이미 치른 셈이기 때문에 무의식적으로 더 이상 미안해할 필요가 없다고 느낀다는 것이죠. 《유토피아》의 저자인 영국의 사상가 토마스 모어Sir Thomas More는 이렇게 말했습니다. "사형은 도둑질에 대한 처벌로 적절하지 않다." 너무 가혹한 처벌은 억지력이 없다는 뜻이었습니다. 다시 말해, 살인과 도둑질에 대한 처벌이 모두 사형이라면 도둑질만 하려던 사람도 살인을 하게 된다는 것이죠.

질책의 방법은 질책의 강도보다 좀 더 복잡합니다. 여기에서는 다섯 가지 원칙을 지키는 것이 중요합니다.

1. 인격-행동 분리

질책은 잘못된 행동을 향해야 하고 사람을 향해서는 안 된다는 말입니다. 옛말에 '죄를 미워하되 사람을 미워하지 말라'고 하는 것과 비슷한 뉘앙스입니다. "능력이 그것밖에 안 돼? 도대체 기본이 안 돼 있어." 아무리 바보 같은 실수를 했더라도 이런 식으로 사람의 인격을 공격하는 표현을 해서는 안 됩니다.

2. 구체성의 원칙

질책을 당하는 순간 내가 왜 질책을 당하는지 구체적으로 이유를 알 수 있도록 얘기를 해야 합니다. 그러기 위해서는 어떤 사람의 평소 성향이나 행동을 싸잡아서 비판하지 말아야 합니다. 질책을 하기 전에 구체적으로 관찰된 행동과 팩트를 먼저 명확히 하고 그 행동에 한정하여 질책을 하는 것이 좋습니다.

3. 일인칭의 원칙

질책의 표현 방식과 관련한 원칙인데, 문장의 주어를 '당신(2인칭)'으로 하지 말고, '나(1인칭)'로 한다는 얘기입니다. 정당한 질책이라도 상대방을 대상으로 하게 되면, 분노를 쏟아 붓는 형태가 되어 상처를 주지 않기가 어렵습니다. 하지만 일인칭 주어를 쓰면 어느 정도 화를 분출하면서도 상대에 상처를 덜 줄 수 있다는 것이죠.

4. 양방향의 원칙

일방적으로 질책을 하고 끝내버리면 자신의 분노를 분출하는 것에 지나지 않고, 소통의 마무리가 제대로 되지 않은 것입니다. 질책은 상대의 행동 변화를 이끌어내기 위한 것이므로, 상대방에게도 말할 기회를 줘야 합니다. 그럼으로써 직접 개선 약속을 하게 하고, 상대의 얘기를 들어주는 효과가 있습니다.

5. 비공개의 원칙

'칭찬은 공개적으로 하고 질책은 아무도 모르게 하라.' 이 말은 칭찬을 통한 동기부여는 다른 사람들이 알면 효과가 배가되지만, 질책으로 인해 야기되는 자괴감이나 수치심을 악화시킬 필요는 없음을 잘 나타냅니다. 그리고 때로는 직원의 실수나 잘못이 질책하기 어려운 사정이나 정황이 있어서 벌어지는 경우도 있습니다. 뿐만 아니라, 질책은 주변의 다른 직원들에게도 부정적 영향을 줄 수 있습니다. 자기 잘못이 아니라도 두려움이 전파되기 때문입니다.

IBM 창업주 토머스 왓슨Thomas Watson이 CEO로 재임하던 1940년대에 한 직원이 업무상 실수로 회사에 100만 달러의 손해를 입힌 적이 있습니다. 당시로는 어마어마한 금액이었기에 직원은 사직서를 들고 왓슨의 사무실을 찾았지요. 왓슨은 사직서를 내미는 직원에게 "자네를 교육하는 데 지금 막 100만 달러를 투자했는데 내가 왜 벌써 자네를 해고하겠나?"라고 하며 사표를 반려했다고 합니다. 토머스 왓슨이 실제로 저런 말을 했는지 확인할 길이 없지만, 이런 일화가 지금까지 전해진 데에는 질책이 능사가 아니라는 사람들의 믿음도 일조한 것이 아닐까 싶습니다.

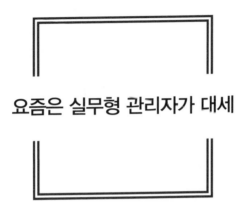

요즘은 실무형 관리자가 대세

과거 조직에서 관리자의 역할은 그야말로 '관리'였습니다. 밑의 직원들이 일을 제대로 하는지 챙길 뿐 자신이 실무를 할 필요는 없었지요. 어디 그뿐인가요? 예전에는 관리자가 실무를 하면 야단치는 임원도 계셨습니다. '관리자 인건비가 얼마인데 실무를 해서 되겠느냐?', '관리가 소홀해져 팀 성과가 낮아진다'라는 의미였지요. '관리자는 지시, 실무자는 실행'이라는 패러다임은 과거 수직적 분업체계에서는 일종의 불문율과도 같았습니다.

관리자의 전형적인 업무 패턴은 임원이 명하는 업무를 받아서 부하에게 기획서를 작성하도록 지시하고, 보고서가 완성되면 임원에게 결제를 받아서 실무자에게 넘겨주고 실행하도록 한 후 과정을 관리하다가 업무가 끝나면 업무 평가를 하는 식이었지요. 임원들은 대개 꼼꼼한 분들이 많기 때문에 직원들이 실수를 하지 않

아직 꼰대는 되고 싶지 않습니다

도록 세세하게 챙기는 것이 보통 부담이 아닌 데다 수시로 이런저런 회의에 불려 들어가서 하루에도 몇 시간씩 시달리다 보면 직원들이 써서 올리는 문서와 이메일을 읽는 것만 해도 벅찹니다. 이런 와중에 관리자 자신의 고유 업무를 개발한다는 것은 말처럼 쉽지 않죠.

관리자들이 이런 방식으로 일하다 보면 시간이 갈수록 관리 능력만 남고 실무 전문성은 퇴보합니다. 자기 고유 업무가 딱히 없으니, 관리자의 직무기술서는 간단하게 '부서 이름' + '총괄'인 경우가 많고, 관리자 KPI는 부하들의 업무 KPI를 합쳐놓은 모습입니다. 그렇게 몇 년 지나면, 정말 관리의 달인으로 인정받아 임원이 되거나 아니면 후배들을 위해 명예롭게 집에 가는 것만 남게 됩니다. 관리 업무만 몇 년 하면 직장을 옮기려고 해도 자리가 별로 없습니다. '실무형 관리자'가 아니라면 말입니다. 그러므로 본인 커리어를 위해서라도 실무에 대한 전문성을 놓아서는 안 됩니다.

팀 업무 전체를 책임지지만 자기가 직접 하는 업무는 없는 관리자는 이제는 환영받지 못합니다. 지금은 많은 조직에서는 관리를 하면서 실무도 하는 '실무형 관리자' 역할을 요구합니다. 경력직 채용 공고를 살펴봐도 '관리자', '매니저', '팀 리더' 등으로 표현되는 직무들의 상세 업무 상당 부분이 실무 내용입니다. 그럼에도 조직의 기대가 바뀌는 것만큼 관리자들의 실제 행동이나 인식이 빨리 바뀌지는 않는 것으로 보입니다. 이것이 90년대생과의 갈등이 생길 수 있는 포인트입니다.

업무 능력이 따라줘야 신뢰도 얻는다

비즈니스 현장의 실무는 빠른 속도로 변화합니다. 그런데 실무를 모르면 관리를 하기 어렵습니다. 실무에 소요되는 시간, 자원, 전문성, 절차 등을 모르고서 어떻게 업무를 적절히 배분하고 문제에 대해 적절한 해결책을 내겠습니까. 실무를 잘 모르는 관리자는 일만 주고 팀원을 방치해서 결국 팀원들을 혹사시키거나, 아니면 모르는 것에 대해 일일이 물어보고 보고를 요구해서 업무를 한없이 지연시킵니다.

'지식 반감기half-life of knowledge'라는 개념이 있습니다. 한 분야의 지식의 절반 정도가 기각되거나 쓸모없어지는 데 걸리는 시간을 말합니다. 이를 정량적으로 측정하는 분야를 과학계량학이라고 하는데, 하버드대학교 교수 새뮤얼 아비스먼Samuel Arbesman의 연구에 따르면 지식 반감기가 심리학 분야는 7.15년, 경제학은 9.38년, 역사학은 7.13년이라고 합니다. 전통 학문 분야가 이 정도라면 기업 분야의 실용 지식은 어떨까요?

또한 요즘 조직들은 갈수록 '슬림'해지고 있습니다. 인력에 여유가 있을 때는 두세 가지 업무만 해도 충분했다면 요즘은 한 사람이 너댓 가지의 업무를 하는 경우가 많습니다. 그만큼 팀원 개개인들이 시간적 여유가 없습니다. 이런 상황에서 관리자가 '나는 관리만 할 거야' 하고 뒷짐을 지고 있으면 결국 업무 부담이 팀원 개개인 어깨에 가서 쌓이고, 불만이 터져 나옵니다. 팀원들은 충원 좀 해달라고 호소하지만, 팀장이 그런 얘기를 전하면 "너희 팀만 사람

아직 꼰대는 되고 싶지 않습니다

없냐?"라는 소리를 듣습니다.

결국 관리자들은 부서의 방향성을 제시하고 전체 업무의 흐름을 조정하는 역할뿐 아니라, 자기 스스로도 핵심 스킬을 가지고 실무를 일정 부분 해내야 합니다. 그로 인해 업무량이 늘어나는 것은 부하들이 주도적으로 추진하는 업무 위임을 늘임으로써 해결합니다. 미세하게 업무를 챙길 때 팀원 한 명당 일주일에 평균 세 시간씩 투자하던 것을 일대일 미팅 및 코칭으로 한 시간만 쓰는 식으로 바꿉니다. 그렇게 절약된 시간은 관리자 자신이 주도하는 업무에 쓸 수 있고, 팀원들도 이제는 관리자가 시키기 전에 알아서 스스로 일을 찾아서 하는 습관이 생기기 시작합니다.

관리자가 실무의 끈을 놓지 않는 것은 구성원의 신뢰를 얻기 위해서도 중요합니다. 믿을 만한 사람을 신뢰하는 것은 인지상정입니다. 그런데, 신뢰의 뿌리는 어디에 있을까요? 미국 에이크론대학교 교수 로저 메이어Roger Mayer는 오랜 연구를 통해 역량과 성품을 모두 갖춘 사람이 신뢰받는다는 점을 확인했습니다. 관리자가 아무리 인성과 리더십이 훌륭하더라도 업무 능력이 따라주지 못하면 신뢰를 얻는 데 한계가 있다는 것입니다.

식당 사업을 했던 사람들이 공통적으로 얘기하는 것은 주방장을 휘어잡지 못하면 식당이 망한다는 것입니다. 음식(상품)을 만드는 것은 전적으로 주방장 재량이므로, 이 사람이 일을 제대로 안 하거나 식당을 나가버리면 당장 영업을 할 수가 없습니다. 주방장은 갑자기 구하기도 어렵습니다. 따라서 요리를 할 줄 모르는 사장은 주방장 요구에 끌려 다닐 수밖에 없게 됩니다. 하지만, 사장이 요리를 직접 할 수 있다면 어떨까요? 주방장이 사장과 갈등이 생겨 그만두더라도 다른 주방장을 구할 때까지 본인이 주방 일을 하면 됩니다. 작은 학원도 마찬가지입니다. 강사가 제멋대로 출근을 안 하더라도 원장이 직접 그날 수업을 들어가서 할 수 있는 학원은 강사들이 원장을 우습게 보지 못합니다. 모든 관리자는 자기만의 '한방'이 있어야 합니다.

관리자가 자기 고유의 업무를 갖는 것은 조직 문화 관점에서도 중요합니다. 자기 고유의 업무가 없는 관리자는 자연히 실무자의 업무를 더 꼼꼼하게 챙깁니다. 그리고 이런 미세관리는 직원들의 동기를 깎아 먹습니다. 단계마다 보고하고 결제를 받으면서 하는 업무는 '자기 일'이라는 생각이 들지 않기 때문입니다. 미세관리를 하던 관리자가 권한 위임을 대폭 늘이면 할 일이 많이 줄어듭니다. 그래서 자기 고유의 업무가 필요한 것이지요. 그것도 다른 실무자들이 쉽게 하지 못하는 고난도의 일을 해야 합니다. 그런 업무를 열심히 잘하는 모습을 먼저 보여줄 때 직원들도 보고 배우는 것이고요.

원론적으로는 동의하면서도, 현실적으로 관리 업무만 해도 너무 많아 도저히 실무까지 하기 어렵다고 생각하는 관리자들도 있을 것입니다. 어떤 회사는 관리자 한 명이 20~30명의 직원을 이끌면서 큰 이슈만 수습해도 하루가 훌쩍 지나가는 경우가 많습니다. 그렇다면 어느 정도의 관리 업무가 적절한 수준일까요?

아직 꼰대는 되고 싶지 않습니다

관리자 1인당 직원 수를 경영학에서 '관리범위span of control'라고 합니다. 세계적인 반도체 회사 인텔 CEO로 재직한 12년 동안 기업 가치를 45배로 성장시킨 앤드루 그로브Andrew Grove는 "경험상, 관리감독이 주 업무인 매니저 한 명은 6~8명의 직원을 관리해야 한다"고 썼습니다.[15] 그로브가 이 책 1판을 출간한 것이 1983년이니 7±1이라는 수치는 1970년대 미국 IT 대기업 조직 환경을 전제로 한 것입니다. 지난 40년 동안의 생산성 향상을 고려하면 훨씬 더 커져야죠. 실제로 최근 연구에 따르면 15~20명 정도가 적정 수준이라고 합니다.

하지만 요즘 우리나라 대기업조차 팀원을 열 명 이상 보유한 팀이 흔치 않습니다. 이는 그만큼 관리자의 역할이 평균적으로 '실무형 관리자' 모델로 바뀌었다는 얘기입니다. 기존에 여러 단계의 직책자 계층을 대폭 줄임에 따라 과거 관리만 했던 사람들이 실무를 위주로 하면서 다른 직원들에 대한 코칭 및 육성까지 겸하는 '플레이어-코치Player-Coach' 모델이 확산되고 있습니다. 스타트업, 중소·중견기업은 말할 것도 없고, 대기업에서도 프로젝트 중심 조직의 관리자는 모두 '실무형 관리자'로 역할을 수행하기를 요구받고 있습니다. 실무형 관리자와 관리형 관리자의 특징을 비교하면 다음 표와 같습니다.

---

15. Andrew S. Grove, High Output Management, Vintage; 1995; 2nd Edition.

실무형 관리자	관리형 관리자
실무도 하면서 관리를 한다.	관리만 하고 실무는 시킨다.
권한을 위양하고 필요할 때만 돕는다.	업무에 대해 보고받고 지시한다.
업무 관련해 1:1 미팅을 주로 한다.	업무 관련해시 보고서를 주로 요구한다.
새로운 업무는 관리자가 먼저 한다.	새로운 업무는 부하에게 시킨다.
팀 KPI 외에 자기만의 업무 KPI가 있다.	팀 KPI가 곧 자기 KPI다.
현재 조직을 떠나더라도 취업이 쉽다.	최대한 오래 현 조직에 머무르려 한다.

아직 꼰대는 되고 싶지 않습니다

4부

90년대생들과
터놓고 대화할 수 있을까?

"커뮤니케이션이 '나'에서 '타인'으로의 메시지 전달 정도로 생각한다면, 진정한 의미의 의사 소통은 없는 셈이다. 진정한 의사 소통은 오직 '우리' 안의 구성원과 구성원 사이에서만 존재할 수 있다. (그런 의미에서) 커뮤니케이션은 조직 활동의 수단이 아니다. 그것은 조직의 존재 양식 그 자체나."

피터 드러커가 생전에 커뮤니케이션에 대해 남긴 유명한 말입니다. 드러커는 소통을 조직의 근본으로 봤다는 것을 알 수 있지요. 현대 직장인에게 가장 필요한 능력은 자기표현력이고 경영의 성과 역시 커뮤니케이션 능력에 의해 좌우된다는 점을 강조하기도 했습니다.

하지만 소통과 관련한 우리의 현실은 간단하지 않습니다. 취업포털 잡코리아가 2017년 우리나라 직장인 2860명을 대상으로 한 조사에서 응답자의 79.1%는 직장 내 소통 장애를 경험하고 있다고 했으며, 소통 장애를 야기하는 주된 원인으로는 직속 상사(41.5%)가 꼽혔습니다. 직원들이 윗사람과 소통 장애를 느낀 이유는 "상대방의 말은 듣지 않고 자기 말만 해서"(55.0%), "알아들은 줄 알았는데 이후에 아무것도 반영되거나 바뀌지 않아서"(39.7%) 등이 언급되었습니다.

소통은 관계의 표현입니다. 소통의 내용, 전달하는 매체, 사용하는 표현, 표정과 말투까지 소통의 모든 것은 주체들 간의 관계에 의해 규정됩니다. 회사 안에서 동료 사이, 상하 간에 소통하는 모습을 보면 임직원들이 서로를 어떻게 생각하는지, 얼마나 신뢰하고 존중하는지, 어떤 갈등이 존재하는지 등을 짐작할 수 있습니다. 관계의 성격이 바뀌면 소통도 바뀝니다. 위계적이고 보수적인 답답한 조직이 개방적이고 수평적인 문화로 바뀌면 소통의 양식도 크게 달라집니다.

기성세대와는 상당히 다른 생각과 가치 지향점을 가진 90년대생들이 조직에 들어오면서 조직 내 관계 구도가 달라지고 있습니다. 관계의 변화가 소통에 적절히 반영되지 못할 때 불협화음이 생깁니다. 기존에 당연하다고 생각하던 관행, 문화, 습관들도 바뀌어야 하는 수가 있습니다. 변화를 적절하게 소화하지 못할 경우 신구 세대 간에 불신하고 반목하는 일이 생깁니다. 많은 기업들이 좋은 의도로 '역멘토링', '열린 소통' 등의 프로그램을 개최하지만, 일회성 이벤트를 몇 번 한다고 무의식 깊숙이 자리 잡은 소통 습관이 본질적으로 바뀌지는 않습니다.

소통을 개선하자고 할 때 조직에서 생각해내는 방안은 대개 예측 가능합니다. 매일 티타임을 갖자거나, 캠미팅을 해보자거나, 멘토링 프로그램을 도입하자는 등, 주로 소통의 '기회'를 확대하자는 제안이 많이 나옵니다. 하지만, 막상 해보면 효과가 시원치 않지요. 다른 문제는 없는데 소통할 시간이 부족한 경우라면 이런 접근이 맞지만 사실은 소통의 '양'보다는 '질'이 문제인 경우가 많습니다. 그렇다면 90년대생 부하직원 또는 후배들과 제대로 소통을 하려면 무엇이 필요할까요?

대화하는 방식이 바뀌어야 합니다. 콕 찍어서 '대화'라고 하는 이유가 있습니다. 소통은 다양한 형태와 방식을 띨 수 있지만 두 사람이 서로를 바라보며 상대의 반응을 느끼면서 하는 소통 방식은 '대화'가 유일합니다. '일' 중심의 조직 생활에서 '관계' 중심의 경험을 주는 것 역시 대화입니다. 대화는 기본적인 '말(언어적 요소)' 외에도 목소리, 말투, 표정, 몸짓 등 다양한 비언어적 요소를 포함한 입체적인 소통이라는 점도 다른 소통 방식과 차별화됩니다. 감정을 숨기면서 대화하는 것은 인간적으로 어렵기 때문에 진실성에 기반한 소통을 하려면 역시 대화를 통해야 합니다. 또한 대화는 본질적으로 쌍방향적입니다. 정보를 전달하기도 하면서 동시에 얻기도 하는 소통은 대화를 통해서만 가능합니다.

이런 특성들로 인해 대화는 조직 안에서 가장 중요한 소통 방식이 됩니다. 하지만 중요함에도 불구하고 잘하기는 어려운 것이 대화이기도 합니다. 관리자들이 90년대생의 특성을 고려하지 않고 자기 스타일의 대화만 고집하면 오히려 젊은 직원들에게는 소통이 힘들게 느껴질 가능성이 큽니다. 자신의 생각을 강요하고, 습관적으로 훈계하거나 비판하고, 불필요한 사생활에 대해 질문을 하는 것이 대표적인 예입니다. 소통을 효과적으로 해보고는 싶은데, 젊은 직원들과의 대화 코드가 맞지 않아 서로 이해가 안 되는 대화를 하는 경우도 있습니다. 그리고, 최악의 경우에는 90년대생들이 뼛속 깊이 싫어하는 말을 자꾸 함으로써 '꼰대'라는 평가를 받는 관리자들도 많이 있습니다. 마지막 4부에서는 90년대생 직원들과 열린 대화를 하기 위해 생각할 것들을 정리해봅니다.

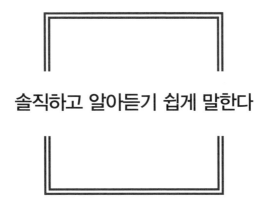

솔직하고 알아듣기 쉽게 말한다

"90년대생의 언어로 말하라!"

최근에 나온 어떤 책을 보니 이런 내용이 있더군요. 살펴보면 그런 주장을 하는 사람들이 꽤 많습니다. 90년대생과의 소통에 대한 최근 담론은 젊은 직원들의 소통 패턴과 특징을 이해하여 거기에 맞춰 소통해야 한다는 쪽으로 흘러갑니다. 저는 이 주장에 반만 동의합니다. 젊은 직원들이 줄임말을 좋아하고 직설적으로 표현하며 때로는 예의를 차리지 않고 말을 막 하기도 하는 등 기성세대와 다른 소통 스타일을 갖는다는 것을 이해할 필요는 있다고 생각합니다. 하지만 30대 후반 이상인 관리자들이 90년대생의 언어를 배워서 말을 할 필요는 없습니다.

이유는 간단합니다. 사람의 언어 습관은 수십 년을 거쳐서 서서히 형성되는 것인데 중장년의 관리자들이 갑자기 20대 후반 젊은 사람들의 말투, 용어, 언어 패턴을 따라 한다는 것이 매우 부자연스럽기 때문입니다. 소통을 통해 리더십을 발휘하려면 우선 나의 '진정성'에 대한 상대의 신뢰가 확보되어야 합니다. 그런데 익숙하지 않은 언어를 억지로 써가면서 소통하는 것은 마치 자기 몸에 맞지도 않는 옷을 걸쳐 입은 것처럼 어색하고, 그나마 있던 진정성마저 퇴색시킬 수 있습니다. 결정적으로 90년대생들 역시 관리자들이 자신들의 언어로 얘기하는 것을 원하지도 기대하지도 않습니다.

가치관, 사고방식, 취향 등 여러 측면에서 세대 간의 차이가 크면 클수록 소통은 최소한의 공통 분모를 지키는 것이 중요합니다. 다른 모든 면의 차이에도 불구하고 통할 수 있는 기본적인 부분 말입니다. 저는 그것이 결국 솔직하고 쉬운 소통으로 귀결된다고 봅니다. 누구에게라도 무난하게 먹힐 수 있는 것은 솔직하고 쉽게 말하는 것입니다. 그거면 됩니다. 70년대생이 90년대생을 대할 때도 그렇고, 거꾸로 50년대생과 대화할 때도 마찬가지입니다. 우리보다 더 연로한 60~70대의 어른들과 대화할 때 그분들에게 원하는 게 뭔가요? 그냥 욕 안 하고 윽박지르지 않고 담담하게 얘기하는 정도면 충분하지 않나요? 90년대생이 관리자들을 보는 시각도 비슷하지 않을까요?

기본에 집중하는 것이 중요하다

90년대생들은 인간 관계에서 캐주얼하고 편안한 것을 선호합니다. 이것은 이들이 형제, 자매가 드문 핵가족화 환경에서 자란 점과 관련이 있어 보입니다. 1970~1971년 무려 4.5에 달하던 우리나라 '합계출산율'은 지속적으로 하락하여 1984년 1.74를 기록하며 처음으로 2.0 아래로 떨어진 후 90년대 내내 1.5 전후를 벗어나지 못했습니다(2019년에는 0.92명). 집에서 외동으로 자라는 아이가 워낙 많아지다 보니 위아래 구분하는 의식이 발달되지 못하고 직설적으로 자기 생각을 얘기하는 것이 소통의 기본이 되었습니다. 직장에서 임원이 되겠다는 생각도 별로 없고 2~3년이면 그만둘 가능성도 커 조직 내 권위를 의식해서 소통 스타일을 조절하지 않습니다. 언어 표현에 대해 꾸미고 격식 차리는 것을 귀찮게 여깁니다. 이런 직원들과 대화하는 것은 분명 쉽지 않습니다. 그렇기 때문에 관리자의 접근 방식은 더욱더 소통의 기본에 집중해야 하는 것입니다.

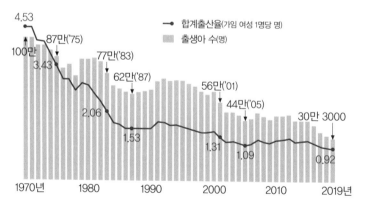

역대 합계출산율(출처: 통계청 2019년 인구 동향 조사 출생·사망 통계 잠정 결과)

솔직하고 쉬운 소통을 잘하는 사람이 있습니다. 외식 경영인 백종원 대표입니다. 2015년 MBC 〈마이 리틀 텔레비전〉을 비롯해 지금까지 〈집밥 백선생〉, 〈골목 식당〉, 〈맛남의 광장〉 등 성공 프로그램을 이어오고 있지요. 2019년 6월에 개설한 〈백종원이 요리비책〉이라는 유튜브 채널은 이틀 만에 구독자 수 100만 명을 돌파하더니 2019년 가장 빠른 성장 속도를 보인 유튜브 채널 세계 3위에 올랐다고 합니다. 이런 성공의 요인은 무엇일까요? 요리 전문성으로만 따지면 그보다 뛰어난 사람이 얼마든지 많습니다. 그렇다고 백종원이 '전문 예능인'이라고 하기도 어렵습니다. 또 성공한 사업가인 것은 맞지만, 사람들이 그의 사업 수완 때문에 그의 방송이나 유튜브를 찾아 보는 것은 아니죠. 결국 그의 성공은 상당 부분이 소통 습관 때문이라고 생각합니다.

소통하는 사람으로서 백종원의 특징은 절대 어렵게 말하지 않고 또 자신을 드러내지 않으면서 대화를 한다는 것입니다. '백과사전'이라는 별명이 있을 정도로 해박한 지식을 갖고, 독학으로 요리를 배운 현장 경험에 20개 이상의 성공한 브랜드를 만들어냈을 정도의 이력이라면 어떤 장소에 가더라도 좌중을 휘어잡을 만한 콘텐츠가 있을 텐데도 그는 철저하게 듣는 사람들이 쉽게 이해할 수 있도록 말합니다. 그는 방송이나 영상에서 습관처럼 이런 말을 씁니다. "참 쉽쥬?" "간단하쥬?" "집에 없어유? 그럼 안 넣어두 돼유." 이와 같은 표현 속에서 그의 소통 태도가 드러납니다. 그래서인지 남녀노소에 상관없이 백종원 대표를 좋아하는 팬들이 많아 보입니

아직 꼰대는 되고 싶지 않습니다

다. 마스크에 모자를 눌러쓰고 나타나도 사람들은 단번에 그를 알아보고, 식당가나 골목 시장에 그가 나타나면 상인들은 "아유, 백대표님 오셨어요!" 하면서 반가워히니 말입니다.

그렇다고 우리 모두가 갑자기 요리에 대해 해박해지거나 충청도 사투리를 배워서 말을 해야 한다는 것은 아닙니다. 우리가 백종원에게서 배워야 할 것은 현실감과 겸손함을 바탕으로 쉽게 말하는 것입니다. '백종원처럼 말하기'의 핵심은 말하는 사람 입장이 아니라 듣는 사람 입장에서 쉬워야 한다는 것입니다. '나를 뽐내는 것이 아니라 상대에게 도움이 되는 대화를 하는 것'입니다. 그 원칙만 지킬 수 있다면, 90년대생과도 얼마든지 통할 수 있습니다. 솔직하고 쉽게 말하는 구체적인 방법을 몇 가지 살펴보겠습니다.

1. 짧고 임팩트 있게 말한다

대화에서 말의 길이와 듣기의 몰입도는 반비례합니다. 같은 이야기를 30초 만에 이해되도록 전달하는 사람이 있는가 하면, 5분 동안 얘기를 해도 도무지 무슨 말인지 알 수 없게 얘기를 하는 사람이 있습니다. 임팩트 있게 전달을 하지 못하는 사람들은 머릿속에서 생각을 정리하지 않고 의식의 흐름대로 말하기 때문입니다. 2~3분 정도만 생각을 정리한 후에 얘기를 해도 다를 텐데 말입니다. 말 잘하는 사람은 결론이나 화두를 먼저 던지고 '기승전결'을 갖춰서 얘기를 하기 때문에 듣는 사람이 신경을 곤두세우고 듣지 않아도 귀에 쏙쏙 들어옵니다. 이렇게 말하는 것이 아직은 좀 어렵다면 쉬운 테크닉이 있습니다. 전하려는 메시지를 여러 개의 작은 덩어리로 나눠서 순차적으로 말하는 것입니다. 한 덩어리를 말하고, 상대가 얼마나 이해하는지 산을 본 다음 얘기를 하고, 또 하는 것이죠. 이것만으로도 대화를 잘한다는 평가를 받을 수 있습니다.

2. 쉬운 단어와 표현을 쓴다

상대가 내 말을 너무 쉽게 이해하면 내 수준이 낮아 보인다고 생각하는 사람들이 있습니다. 그런 사람들은 일부러 약간 생소하고 남들이 잘 쓰지 않는 표현을 많이 씁니다. 요즘은 그런 식으로 표현을 잘하는 것을 '있어빌리티(있어 보이게 꾸미는 능력)'라는 말로 미화하기도 하지요. 말에 영어나 전문 용어를 너무 많이 섞어서 쓰거나, 남들이 흔히 쓰는 표현을 피해서 일부러 비비 꼬아서 표현하는 경우입니다. 그런데 막상 이런 말을 듣는 입장에서는 유식하다고 생각하기보다는 '저 사람 혹시 열등감에 빠져 있는 것 아닐까' 의심합니다. 90년대생들은 권위를 별로 존중하지 않는다고 했죠? '있어 보이는 척' 말하는 것은 90년대생 귀에는 얄팍한 권위를 내세우는 것으로밖에 들리지 않습니다. 오히려 어려운 내용을 정말 쉬운 말로 설명할 때 '엄지척'을 받을 가능성이 더 높습니다. 중학교 2학년 자녀가 들어도 이해할 수 있는 말로 표현하는 것이 좋습니다.

3. 주고받는 대화를 한다

말도 어떻게 보면 '놀이game'입니다. 말은 서로 오고 가야 재미

아직 꼰대는 되고 싶지 않습니다

가 있지요. 대화가 소위 '재미지다'고 하는 경우는 대부분 친구, 동창, 동기 등 경험을 공유하는 '동시대' 사람들이 만났을 때입니다. 반면, 조직에서 대화를 할 때 관리자가 너무 자기 얘기만 하면 '일방 통행'이 됩니다. 혼자서 '필 받아서' 열변을 토하는 관리자는 직원들이 자기 말에 공감하고 있다고 착각을 하는 경우가 많습니다. 진짜 대화는 마치 축구 선수들이 패스를 주고받듯이 해야 합니다. 다른 선수는 아랑곳하지 않고 혼자 뻥 차고 냅다 달리는 것은 '동네 축구' 스타일입니다. 프로들은 상대편 골대까지 가면서 수십 번 패스를 주고받습니다. 리오넬 메시Lionel Messi가 뛰는 FC바르셀로나의 '티키타카Tiki-taka' 패스는 보고만 있어도 저절로 중독이 될 만큼 재미있습니다. 대화는 한자로 對話, 영어로 dialogue라고 합니다. 한자의 '對'는 '짝'을 이룬다는 의미가 있고, 영어의 'di' 역시 '둘'이라는 의미가 있습니다. 대화가 대화인 이유는 두 사람 이상이 주고받기 때문이라는 의미를 새겨볼 필요가 있습니다.

4. 분명하게 표현한다

말은 생각을 표현하는 도구입니다. 그런데 어떤 사람은 말을 해도 그 사람의 생각이 전해지지 않는 경우가 있습니다. '이거면 이거, 저거면 저거' 명확하게 입장을 얘기해주면 좋겠는데, 이것도 맞고 저것도 맞고 식으로, 황희 정승 어법을 구사하는 것이죠. '모나지 않게', '둥글둥글하게' 보이고 싶어서 그러는 것일 수도 있지만, 듣는 사람은 답답한 경우가 대부분입니다. '유체이탈 화법'이라는 것이 있습니다. 말을 하긴 했는데, 그게 자기 생각인지 알 수 없게 말하는 것이지요. 대표적인 것이 '같다'라는 표현입니다. 예를 들어 "너무 배가 고픈 것 같다"라고 하는 경우가 있는데, 배가 고픈지 안 고픈지를 제일 잘 아는 것은 자기 자신인데도 그렇게 표현하는 것은 문제입니다. 유체이탈 화법은 말에 책임을 지기 싫을 때 나오는 습관입니다. 90년대생 귀에는 정직하지 않다고 느껴집니다. 그래서 효과가 떨어지죠. 심사숙고하되, 의견은 확실하게 말하는 것이 좋습니다.

5. 부정적인 말투를 쓰지 않는다

대화를 단절시키는 또 다른 요소는 불필요하게 습관적으로 부정적으로 말하는 것입니다. 얄미운 말, 트집 잡는 말, 따지는 말, 모난 말, 날 선 말 등이 그런 것입니다. 이런 말을 들으면 상대는 거부감을 느끼거나 기분이 상하게 되지요. 하지만 그런 식으로 말하는 사람이 상사인 경우는 대놓고 싫은 내색을 하지는 않습니다. 이런 언어 습관은 대개 대화에서 주도권을 잡거나 말로 상대를 굴복시키기 위해 무의식적으로 나오는 경우가 많습니다. 그래서 쉽사리 고쳐지지 않습니다. 프랑스 철학자 앙리 베르그송Henri Bergson 은 사람의 말이 '누적된 기억의 종합적 표현'이라고 했는데, 딱 맞는 얘기입니다. 나쁜 언어 습관은 주변 사람에게 피드백을 요청해서라도 반드시 바로잡는 것이 좋습니다. 무의식 중에 실수하는 것은 잘못이 아닙니다. 그걸 안 고치는 것이 문제지요.

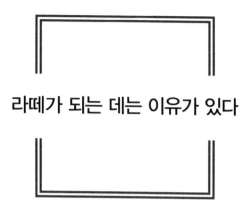

라떼가 되는 데는 이유가 있다

"아이고! 상무님, 말도 마세요. 요즘 젊은 친구들 앞에서 함부로 옛날 얘기 꺼냈다가 본전도 못 찾아요. 자기 잘되라고 쓴소리를 해봤자, 듣기 싫어한다니까요. 솔직히 젊은 직원들 프로젝트 몇 달 같이 하면 끝인데 뭐 하러 입 아프게 충고를 합니까? 일 못하는 녀석 있으면 그냥 무덤덤하게 결과물 가지고 깨는 것이 깔끔하죠. 도저히 안 되겠다 싶으면 가고 싶다는 부서로 보내버리는 것이 나아요. 그것도 아니면 내버려뒀다가 연말에 평가 때 'C' 주면 제 발로 나갈 테니, 그때 다른 직원 충원하면 그만이죠."

조직 내 세대 갈등이 심했던 모 기업의 중간 관리자 인터뷰에서 들은 충격적인 고백이었습니다. 다수의 다른 관리자들도 표현과 정도의 차이가 있을 뿐, 비슷한 얘기를 하고 있었습니다. 그 회사는 안정적인 산업 특성 덕에 근속 연수가 길다 보니 관리자와 젊은 직원들 간의 평균 연령 차이가 심했습니다. 연봉도 업계 최고 수준이고 임원을 10년 이상씩 하는 사람들도 적지 않고 신입 입사 경쟁률은 100:1을 훌쩍 넘기는 회사입니다. 그런데, 막상 조직 안에서 저렇게 상호 반목하고 못 잡아먹어서 안달하는 것을 보니 아무리 월급 많이 주고 워라밸이 좋아도 직장 생활이 지옥일 수밖에 없겠다는 생각이 들더군요.

예전에는 꼰대 같은 직장 선배나 상사라도 깍듯이 대하는 것이 신입 직원의 도리였고, 설사 나쁜 행동을 하는 윗사람을 봐도 "우리 팀장 완전 꼰대"라는 식으로 표현하지는 않았지요. 그게 달라지기 시작한 것이 2018년입니다. 네이버 검색어 트렌드 통계를 보면 2018년 9월에 꼰대라는 말의 검색량이 급증하는 모습을 보입니다. 그해 우리나라 대졸 신입직원 평균 연령이 30.9세였던 점을 감안하면 80년대 후반에서 90년대 초반 사이 출생한 젊은 직원들이 회사에 들어가서 기성세대들을 겪으면서 느낀 것을 표현한 말이 바로 '꼰대'라고 유추해볼 수 있습니다.

그리고 꼰대 담론은 빠르게 '보편성'을 획득합니다. 2030세대 중심으로 활용되던 이 표현이 점차 남녀노소를 가리지 않고 사회 전반에서 쓰이게 되었기 때문입니다. 온라인상에서 꼰대라는 단어와 함께 나오는 연관어를 분석한 결과에 따르면, 흔히 예상할 수 있는 직장 상사, 선배, 사장뿐 아니라 '젊은 친구, 선생님, 어른, 교수, 손님, 엄마, 오빠' 등 온갖 대상에 꼰대를 붙여 부르는 경향이 나타나고 있음을 알 수 있습니다.

아직 꼰대는 되고 싶지 않습니다

과거 경험담은 동기들끼리

2019년이 되면서 꼰대 담론에는 흥미로운 변화가 있었습니다. 키워드가 '꼰대'에서 '라떼'로 바뀐 것입니다. 삼성생명은 2019년 4월 1일 유튜브에 '책임지는 인생금융(라떼는 말이야)'이라는 1분짜리 광고를 업로드했습니다. 광고 주연은 역대급 시청률을 기록하고 두 달 앞서 종영한 jtbc 드라마 〈SKY 캐슬〉에서 '차민혁'으로 출연한 배우 김병철이었지요. 극중 차장검사 출신의 권위적인 로스쿨 교수로 나왔던 그에게 맞춤인 캐스팅인 데다, "나 때는 말이야"라는 드라마 대사를 "라떼는 말이야"로 살짝 비틀어낸 B급 상상력, 그리고 드라마의 인기에 힘입어 열흘 만에 조회수 200만을 넘겼습니다.

이 광고 덕에 삼성생명의 보험이 더 팔렸는지는 모르겠지만, "라떼는 말이야"라는 표현이 꼰대 이데올로기의 캐치프레이즈가 된 것만은 확실해 보입니다. "나 때는 말이야"라는 식으로 운을 띄우는 것만으로도 꼰대라는 눈총을 받게 되었으니 말입니다. '라떼'는 이제 아예 꼰대를 대체하는 용어로도 많이 쓰이고 있습니다. "나 때는 말이야"라는 표현을 쓰지 않는 사람이 다른 꼰대 같은 행동을 해도, "저 사람 좀 라떼야"와 같이 뒤에서 수군거린다는 것이죠.

이제 90년대생과 대화할 때 가장 큰 금기는 시도 때도 없이 "나 때는 말이야"를 외치는 것입니다. 이런 식으로 말하는 이유는 크게 둘 중 하나입니다. 과거의 무용담을 통해서 사람들이 자신을 인정해주기를 바라거나, 아니면 '아재 개그'로 웃겨보려는 것입니다. 어느 쪽이라도 기대한 효과를 거두려면 듣는 사람이 맥락을 알고 있어야 합니다. 왜 그게 대단한 것이고, 왜 웃기는 것인지를 이해해야 맞장구든 박장대소든 '리액션'을 할 수 있으니까요. 그런데, 기성세대의 '라떼' 스토리는 90년대생이 듣고 그 배경이나 맥락을 이해하기 어려운 경우가 많습니다. 지금 관리자로 일하고 있는 사람 치고 라떼 스토리 수십 개 없는 사람 없겠지만, 제가 들어본 것들 중에 기억나는 것만 몇 개 옮겨봅니다.

"나 때는 말이야, 선적 챙기느라고 항구에서 밤새 일하고 새벽에 작업자들 해장국까지 사 먹이고서야, 서울로 돌아와서는 집에서 옷만 갈아 입고 출근하는 일이 다반사였다고……." (무역회사, 해외 영업)

"HR 일을 하다 보니 상사와의 관계에 신경을 많이 썼어요. 내가 임원 되기 전까지 모신 상사는 생일 선물을 한 해도 빠뜨린 적이 없으니까. 요즘 직원들은 아마 도무지 이해가 안 될 거야." (외국계 기업, HR)

"야, 너희는 지금 상사가 주는 술을 먹다 말고 내려놓는 거냐? 어디서 배운 버릇이야. 내 참 기가 막혀서……. 우리 때는 회식하면 선배들이 재떨이에다가 소주 따라 준 것도 원샷하고 그랬어." (전자부품사, 구매)

"요즘이야 시스템이 얼마나 잘돼 있냐? 우리 때는, 명절에 배송은 급하지 일손은 부족하지, 그럴 땐 사무실에서 인사팀이고 회계팀이고 다 끌어내서

아직 꼰대는 되고 싶지 않습니다

박스 작업하고 배송도 보내곤 했지." (물류업체, IT)

"선대 회장님이 얼마나 까탈스러웠는지 모릅니다. 내가 대리 때는 회장님 보고 한번 잡히면 아예 사무실에 야전 침대 갖다 놓고 일주일 정도는 집에도 못 가고 준비했습니다." (지주사, 전략기획)

기성세대가 일을 배울 때의 여건이나 상황이 지금보다 어려웠고 그것을 상당 부분 개인들의 희생으로 극복해왔다는 사실에는 틀림이 없습니다. 하지만, 지금은 업무 여건이 더 좋아진 것 이상으로 경쟁과 목표 수준이 높아졌기 때문에 과거와 단순 비교는 곤란합니다. 그리고 90년대생들의 가치 체계 속에서 직장이 차지하는 비중은 과거보다 많이 작아진 것이 사실이기 때문에 과거와 같은 희생을 요구하는 것 역시 무리입니다. 시스템과 창의성은 도외시하고 사람을 갈아 넣어서 성과를 내는 방식은 장기적으로 지속성도 없습니다. 그렇다 보니 '라떼' 얘기를 하면 90년대생들은 공통된 반응을 보입니다. "그래서 어쩌라고?" 하지만 이것은 무례한 표현이기 때문에 입 밖으로 내지는 않고 그냥 침묵 또는 회피를 하게 됩니다.

이제는 관리자들도 이런 문제를 어느 정도 인식하고 있는 것으로 보입니다. 90년대생 직원의 관리자들에게 물어보면, 젊은 직원들과 대화할 때 가장 실수하기 쉬운 것이 "내 맘 알지?"라고 가정하는 것이라고 합니다. 요즘처럼 사회 분위기와 가치관이 빨리 바꾸는 시대에 10년에서 20년 정도의 경험 차이가 있는데, 젊은 직원들이 관리자 세대의 가치 판단과 사고 방식을 알아서 이해할 것이라는 생각은 위험하다는 것이지요. 이 현상을 그림을 통해 비유해보면 다음과 같습니다. 현실이 팩트와 맥락으로 구성된다고 한다면, 과거의 현실은 과거의 맥락에서 팩트를 바라볼 때 이해가 되고, 오늘의 현실도 마찬가지입니다.

시대착오적 과거 송환으로 야기되는 불편함

과거에 대한 회고를 빙자한 훈계와 과시가 문제가 되는 것은 오늘의 맥락에 과거의 팩트를 대입하여 소통하는 방식이기 때문입니다. 90년대생들은 20년 전의 조직 맥락이 어땠는지를 모릅니다. 오늘의 현실을 이해하는 것도 복잡한데 이미 사라진 과거 맥락을 어떻게 알겠습니까? 게다가 지난 10~20년 동안 조직 문화도 엄청나게 바뀌었습니다. 그러니, 갑자기 자기 신입 사원 때 얘기를 하면서 직원들에게 '지금이 얼마나 좋은지'를 얘기하는 것이 받아들여질 리가 없는 것이지요. 게다가 과거 경험담을 일러주면서 "불평하지 마라", "고마운 줄 알아라", "도움을 기대하지 말아라", "알아서

아직 꼰대는 되고 싶지 않습니다

해라", "더 열심히 해라" 등의 뉘앙스를 은근히 전달하는 관리자도 있습니다. 직원 입장에서는 이런 얘기가 실질적인 도움이 되지 않고 심리적으로 위로가 되는 것도 아니기 때문에 듣고 싶지 않습니다. 결론은 간단합니다. "나 때는 말이야"로 시작하는 얘기는 또래들끼리 술자리에 모였을 때만 하는 것이 좋습니다. "우리 때는 말이야" 하면서 말이죠.

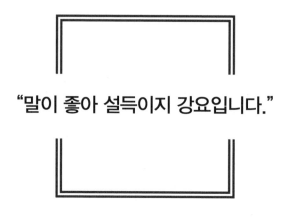

"말이 좋아 설득이지 강요입니다."

'강요'는 두 가지 조건이 모두 존재할 때 발생하는 행동입니다. 우선, 차이가 있어야 합니다. 입장, 가치관, 사고 방식 등이 서로 다를 때 강요가 생길 수 있습니다. 생각하고 행동하는 양식이 서로 비슷한 사람들 사이에는 강요가 필요 없으니까요. 하지만 차이가 있다고 사람이 항상 남에게 강요하는 것은 아닙니다. 차이를 인정하지 않고 상대에 대한 공감이 부족할 때만 강요가 행동으로 나타나기 때문입니다.

강요와 비슷한 것이 '설득'입니다. 하지만 말로는 설득한다고 하면서 실제로는 강요를 하는 사람이 많지요. 관리자들은 조직 운영을 위해 직원들을 설득해야 하는 일이 많습니다. 그런데 설득과 강요는 종종 경계가 모호합니다. 자기주장을 피력하여 상대가 받아들이게 한다는 점에서는 같지만, 중요한 차이가 있습니다. 바로

아직 꼰대는 되고 싶지 않습니다

선택권의 존재 여부입니다. 상대가 나의 말을 듣고 자유 의지에 의해 선택할 수 있다면 설득이지만, 선택할 수 없다면 강요입니다. 관리자가 강요하지 않았는데도 직원이 관리자의 제안과 의견을 따른다는 것은 두 사람 사이에 생각의 합치가 이루어졌다는 것입니다. 하지만, 강요에 의해서 따랐을 경우는 생각이 불일치했다는 것을 증명하는 셈입니다. 그러므로 강요와 설득의 효과는 같을 수 없습니다.

관리자가 강요에 의존하는 원인은 크게 네 가지로 나눠볼 수 있습니다. 권위주의적이고, 자기 확신이 강한데 반해 상대의 생각에 공감하거나 합리적으로 설득하는 능력이 부족한 사람들이 주로 강요에 많이 의존합니다. 이런 측면들은 근본적인 자기 인식, 오랜 세월에 거쳐 형성된 정서적 특성에 기반하기 때문에 바꾸기가 쉽지 않습니다.

과잉	권위주의	• 권위를 절대시하고, 권위에 대한 도전이나 비판을 용납하지 않음 • 우월한 권위를 행사하기 위해 때로 강요도 정당하다고 생각함
	자기 확신	• 오만, 편견, 나르시시즘에 빠져 종종 무모한 언행을 보임 • 남에게 강요하는 이유가 '내가 맞다' 하는 확신에 기반함
부족	설득능력	• 합리적 이유나 상호 이익에 기반, 수긍할 수 있도록 설득 • 설득을 통해 자발적 동의를 이끌어낼 수 없을 때 강요에 의존
	공감능력	• 상대의 관점에서 이슈를 바라보고 어려움을 공감하는 것 • 공감이 결핍된 사람일수록 상대에게 무리한 강요를 할 수 있음

관리자가 자기 생각을 강요한다는 것은 정상적인 설득으로는 자기주장을 관철하지 못한다는 의미입니다. 제대로 설득하지 못하는 것은 관리자 책임이지 직원 잘못은 아닙니다. 이 점을 이해한다면, 직원들이 자신의 설득을 잘 따라오지 않을 때 직원을 탓힐 일이 아니라 '내가 설명을 잘했는지'를 돌아보고 새로운 방법을 고민하는 것이 맞겠죠. 그러나, 많은 관리자들은 직원들이 "말귀를 못 알아듣는다"며 열을 내고 강변强辯을 합니다.

관리자가 강요에 의존한 소통 스타일을 가진 경우 90년대생의 가장 일반적인 반응은 소통 자체를 거부하거나 회피하는 것입니다. 물리학에는 '작용-반작용의 법칙'이 있습니다. 물체에 힘을 가하면 똑같은 크기의 힘이 반대 방향으로 돌아온다는 원리입니다. 이 법칙은 사람의 심리에도 비슷하게 적용될 수 있습니다. '강요-반발의 법칙'이라고 할까요?

물론, 강요에 대해 반발하는 정도는 개인차가 있을 것입니다. 평균적으로 90년대생 직원들은 80년대생보다 반발의 정도가 심합니다. 개인주의적인 가치와 사고방식으로 더 단단하게 무장하고 직장 생활에 뛰어들기 때문입니다. 이들에게는 상하 간의 차이가 적은 관계, 자기 표현을 할 수 있는 분위기, 한 명의 어른으로 대접받는 것 등이 중요한데, 강압적인 언사나 불합리한 강요는 직장 생활에 대한 그들의 이런 기대를 무너뜨리고 맙니다. 과거 우리 조직에서 아무렇지 않게 쓰던 "시키면 시키는 대로 해라", "까라면 까"와 같은 표현에 이들은 매우 강한 반감을 보입니다.

잘못된 진단, 엉뚱한 처방

공감 능력이 정말 부족한 관리자들 중에는 자기가 90년대생들의 눈에 어떻게 비치는지도 모르고 전혀 다른 생각을 하는 경우가 있습니다. 직원들은 관리자의 강요와 일방통행이 싫어서 소통을 거부하고 피하는 것인데, 관리자는 직원들이 자신을 피하는 원인을 평소 '스킨십' 부족으로 오인하는 것이죠. 진단이 잘못되니 처방도 엉뚱합니다. 예를 들어, 회식을 좀 더 자주 한다든지, 일부러 시간 내서 직원들과 농담을 주고 받는다든지, 하루에 한 번씩 티타임을 갖는 식입니다. 본인은 나름대로 소원한 상하관계를 해결해보려고 노력하는 것일지 모르지만, 소통 스타일을 근본적으로 고치지 않고 아무리 직원들에게 다가가봐야 그들은 더 부담으로 느끼게 되고 회피하기 위한 변명을 더 열심히 찾게 될 뿐입니다.

때에 따라 강요가 잘 먹히는 경우도 있습니다. 관리자가 확실하게 평가, 보상, 승진을 아우르는 인사권을 틀어쥐고 직원의 모든 것을 좌지우지할 수 있는 상황에서는 관리자가 불합리한 것을 강요해도 직원들이 어쩌지 못하고 따르기도 합니다. 하지만 이런 식의 강요는 항생제와 같습니다. 항생제는 처음 썼을 때 신기할 정도로 잘 듣지만 쓰면 쓸수록 효과가 떨어지지요. 내성이 생기기 때문입니다. 강요도 마찬가지입니다. 처음에는 으름장 놓고 살짝 겁도 주면 말을 듣습니다. 하지만, 그런 관계가 오래 지속되면 점차 약발이 떨어지고 나중에 가면 씨알도 안 먹히게 되죠. 그때 관리자의 리더십은 사실상 용도 폐기가 되었다고 봐야 합니다.

강요는 일종의 괴롭힘이기도 합니다. 심하면 법의 처벌을 받을 수도 있습니다. 우리나라 형법 제324조는 강요를 불법행위로 규정하고 있습니다. 이것이 심지어 형법에 규정된 이유는 강요가 개인의 의사결정의 자유뿐만 아니라 활동의 자유를 침해할 수 있는 것으로 보기 때문입니다. 법률이 보장하는 가장 기본적이고 중요한 이익과 연결되어 있다는 것입니다. 2019년 개정 근로기준법 역시 직장 내 괴롭힘을 금지합니다. 아무리 좋은 의도이고, 업무상 필요해서라고 자기변호를 해도 강요라는 사실이 있었다면 그것은 엄연한 법 위반이 되는 것입니다. 90년대생은 상사가 자신에게 어떤 이유로도 부당한 강요를 할 수 없다는 것을 잘 알고 있습니다.

관리자가 직접적으로 강요를 하는 경우도 있지만, 실제 조직에서는 간접적이고 묵시적인 강요가 더 일상적입니다. 관리자가 노골적으로 얘기를 하지 않아도 사실상 강요한 것이나 다름없는 것이 '동조conformity'의 분위기를 만드는 것입니다. 동조는 직원 한 명을 콕 찍어서 괴롭히거나 강압적으로 대하는 것이 아니라, 조직 분위기를 험악하게 몰아가서 관리자의 의견에 이의를 제기하기 어렵게 만드는 것입니다. 예를 들어, 퇴근 시간이 되어가는데 팀장이 과장, 차장들을 불러서 갑자기 업무를 지시하고 야단을 치면서 "내일 아침까지 못 끝내면 각오해!"라고 말한다면, 신입 직원은 눈치가 보여서 편하게 퇴근하기 어려울 것입니다.

동조가 얼마나 강력한 강요 방식인지를 보여주는 유명한 실험이 있습니다. 심리학자 솔로몬 애쉬Solomon Asch는 사람들이 얼마나 쉽게 집단 압력에 굴복하고 동조하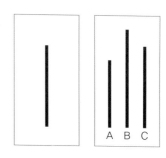
는지를 측정하는 실험을 했습니다.
실험 내용 자체는 어이없을 정도로
간단합니다. 오른쪽 그림과 같이
카드 두 개가 있고, 왼쪽 카드에는
세로 막대가 한 개, 오른쪽 카드에
는 세 개 있는데, 세 막대 중 하나만 왼쪽 카드 막대와 길이가 같습
니다. 주어진 과제는 왼쪽 카드의 막대와 길이가 같은 것이 무엇인
지 맞히는 것입니다. 보통 시력을 지닌 사람이면 누구나 C가 정답
임을 100% 맞힐 수밖에 없는 과제입니다. 하지만, 피험자 한 명을
놓고 연기자 여섯 명이 오답(A 또는 B)을 고르자 63%의 피험자들은
뻔히 오답인 것을 알면서 다른 사람들의 선택을 따랐습니다.

처음부터 남들에게 자기 생각을 마구 강요하는 사람이 어디 있
겠습니까. 처음에는 직원들의 새로운 의견도 듣고, 필요하면 근거
를 들어가며 설득도 하겠죠. 하지만 관리 경험이 쌓이고 자기 확신
과 권위에 의존하는 경향이 점점 커지면서 점차 강요하는 스타일
로 소통하게 되는 것입니다. 굳이 설득하고 동기부여를 하기보다
는 편하게 지시하고 결과물만 체크하게 됩니다. 그런데 기성세대
와는 달리 90년대생은 적당히 동조하고 자기 자신을 조직에 맞춰
살아가기보다는 차라리 조직을 떠나 다른 길을 모색하는 것이 낫
다고 생각하는 경우가 많습니다. 강요하는 분위기 속에서 90년대
생들이 원하는 존중을 느끼기는 어렵기 때문입니다.

고대 그리스 철학자 제논Xenon은 "사람의 귀가 두 개이고 입이 하나인 것은 말하는 것보다 더 많이 들으라는 뜻"이라고 했습니다. 유명한 테크 기업 썬마이크로시스템즈Sun Microsystems의 창업주 스콧 맥닐리Scott McNealy는 "회사에서 리더들에게 주는 월급의 40%는 남의 말을 경청한 대가"라고도 했지요. 세계적인 소비재 대기업 피앤지의 A.G. 래플리A.G Lafley 회장 역시 자신은 "대화의 3분의 2를 듣는 데 투자한다"고 얘기했습니다. 이렇게 소통에서 경청의 중요성은 예나 지금이나 다르지 않습니다. 자기 생각을 강요하지 않는 소통의 첫 단추는 경청이 되어야 합니다.

관리자 소통 워크숍에서 경청에 대해 강의를 한 날이었습니다. 끝날 무렵 참석자 한 분이 다가오셔서 이런 말씀을 하셨습니다. "관리자로서 10년 이상 일하면서도 경청이 중요하다는 생각은 한 번도 안 해봤다. 그런데 되돌아보니, 업무의 80% 정도는 경청이 꼭 필요한 상황이었다는 생각이 든다. 지난 1~2년 부서에서 많은 문제가 있었는데, 제대로 경청을 했더라면 그렇게까지 나빠지지 않았을 거라는 생각을 하니 마음이 무겁다. 지금부터라도 다르게 해야 할 것 같다." 이 관리자가 자신의 문제를 객관적으로 직시하고 행동의 변화를 결심한 것은 대단한 용기였다고 생각해 기쁘게 응원의 말씀을 드린 기억이 있습니다.

경청과 더불어 한 가지 더 중요한 것을 꼽는다면 '공감'입니다. 공감은 매우 복잡한 능력이고 키우기 쉽지 않지만, 취향이나 생각이 많이 다른 90년대생들을 이해하고 설득하기 위해서는 꼭 필요

아직 꼰대는 되고 싶지 않습니다

합니다. 공감을 키우는 방법에 대해 많은 사람들이 다양한 아이디어를 제시하지만, 저는 가장 중요한 것이 직원의 감정을 읽는 것이라고 생각합니다. 조직 안에서 완전한 신뢰가 구축되지 않은 한 직원들은 자기 생각이나 감정을 말로 그대로 드러내지 않습니다. 따라서, 관리자들은 언어 이면에 숨겨진 직원들의 진짜 감정과 생각을 읽어내야 합니다. 여기에는 뾰족한 비법이 있는 것이 아니고 자주 관찰하고 주의를 기울이고 수시로 말을 걸고 질문을 던져봐야 합니다. 그런 노력을 기울이지 않고 건조한 소통만 하는 관리자는 다음 예시와 같이 직원의 감정을 못 읽습니다. 그러다 보면 공감도 못하게 되고 결국은 본의 아니게 자기의 생각을 강요하게 됩니다.

90년대생 직원의 말	마음속의 진짜 생각	직원 감정을 못 읽는 팀장의 대답
팀장님, 바쁘십니까?	(저, 다음 달에 퇴사해요.)	응, 바쁜데.
(퇴근 10분 전에) 출근하지 않으세요?	(퇴근 안 하면, 저 먼저 갈게요.)	점심을 많이 먹어서 괜찮은데.
요즘 홍삼을 입에 달고 살아요.	(힘들어서 못 해먹겠다.)	그래? 나도 좀 먹어볼까?
언제까지 끝내면 되나요?	(야근은 절대 못 해!)	천천히 해서 내일 아침까지 가져와.
아, 뭐 그 안도 나쁘지는 않네요.	(그거 하면 망하는데. 속 터져!)	다른 의견 없으면 이 안대로 갑시다.
오늘은 점심 건너뛰려고요.	(점심시간까지 팀장 얼굴 보리?)	그렇게 굶는데 살은 왜 안 빠져?

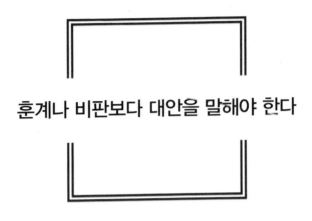

훈계나 비판보다 대안을 말해야 한다

"피드백은 달라고 하면서, 비판적인 지적은 싫어한다."

90년대생 직원과 대화를 할 때 관리자들이 공통적으로 어려움을 느끼는 것은 '어느 정도로 지적을 해야 할지 모르겠다'는 것입니다. 분명히 개선할 부분이 보여서 지적을 하기는 해야겠는데, 싫은 소리를 조금만 하면 곧바로 반발이나 변명 등의 태도로 나오는 경우가 많고, '다 생각해서 하는 얘기'라고 하면서 진심으로 얘기를 해줘도 나중에 젊은 직원들 사이에서 안 좋은 소리를 들을까 봐 불편하다는 것이지요.

주 52시간 근무제와 괴롭힘 방지법 도입 후에는 상사의 '갑질'에 대한 내부 고발에 대한 걱정까지 더해져 오히려 관리자들이 직원 눈치를 보는 경우도 있다고 합니다. 이런 상황에서 90년대생 직원들이 마치 부모 말 안 듣는 자식 같다고 하시는 관리자들도 적

아직 꼰대는 되고 싶지 않습니다

지 않습니다. 한 글로벌 기업 인사 담당 임원은 "우리 기성세대가 지난 20년 동안 자식들을 감싸서 키운 결과인데 누구 탓을 하겠느냐? 결국 우리 세대 공동의 책임"이라고 하셔서 공감한 적도 있습니다.

"비판은 쓸모없다. 사람을 방어적으로 만들며 자신을 정당화하기 위해 안간힘을 쓰게 하기 때문이다. 비판은 또 위험하다. 사람의 긍지에 상처를 주고 적의敵意를 불러일으키기 때문이다." 인간관계를 다룬 책의 고전으로 꼽히는 데일 카네기Dale Carnegie의 《인간관계론How to Win Friends and Influence People》 제1장에 나오는 말입니다. 인간 관계에 대한 카네기의 지혜는 이 말 안에 다 들어 있습니다. '비판'을 자신의 존재에 대한 공격으로 받아들이면 사람은 누구나 필사적으로 저항하게 마련입니다. 이런 비판은 '파괴적인 비판'이고, '지적질'이라고도 표현합니다. '지적+질'이라는 단어 구조에서 볼 수 있듯, 단점이나 문제, 잘못, 허물 등을 드러내기만 하는 비판은 긍정적인 개선을 가져오기보다는 부정적 감정만 쌓을 가능성이 높습니다. 내용상 아무리 맞는 지적이라 하더라도 그렇습니다. 그래서 비판은 미래지향적이지 못하고 비판 위주의 소통은 생산성이 낮은 소통 방식입니다.

세대를 넘어선 관계는 부부 간의 관계와 비슷한 면이 있습니다. 통계청 〈인구 동향 조사〉에 따르면 2008년에서 2017년 사이 우리나라에서 이혼한 113만 9307쌍의 결별 사유 중 가장 큰 비율을 차지하는 것이 성격 차이(45.7%)로, 거의 다른 모든 요인을 합친 것만큼 크게 나타납니다. 한편, 이혼의 원인을 관계의 유형과 부부 행동의 특성을 기반으로 하여 과학적으로 분석한 연구가 있습니다. 인간관계(특히 부부 관계) 분야의 일인자로 통하는 존 가트먼John Gottman 박사는 상담 대상 부부 간의 대화를 15분 관찰한 것만으로 12년 내 이혼 확률을 94% 정확도로 예측할 수 있는 모델을 개발한 바 있습니다.[16] 이를 위해 14년에 걸쳐 650쌍의 부부를 상담, 분석한 후 나중에 결과를 추적했습니다. 가트먼 박사가 이혼을 예측하는 가장 확실한 행동 지표가 바로 '비난criticism', '방어defensiveness', '경멸contempt', '담쌓기stonewalling'였습니다.

이혼하는 부부에 대한 가트먼의 연구는 퇴사하는 90년대생과 관리자 간의 관계에 미치는 대화 스타일의 중요성에 대해 시사점을 줍니다. 부부들이 자신을 비난하고 경멸하는 배우자에 대해 자기 방어를 시도하고 담을 쌓다가 결국 견디지 못하고 갈라서듯이, 실수나 잘못 또는 차이점에 대해 이해하고 포용하기보다는 일방적인 훈계나 비판으로 대하는 상사에 대해서 직원들은 자기방어와 저항을 시도하다가 결국은 퇴사를 선택하는 것입니다. 과거에는 직장을 그만둔다는 것이 상당히 큰 일이었기 때문에 정신적 압박과 좌절감에도 불구하고 할 수 없이 견디는 직장인들이 많았던 반면, 90년대생들은 그런 스트레스를 참고 견디는 것보다 직장을 옮기는 편이 훨씬 합리적인 선택이라고 생각합니다.

---

16. John Gottman, James Murray, Catherine Swanson, Rebecca Tyson, Kristin Swanson, The Mathematics of Marriage: Dynamic Nonlinear Models, A Bradford Book(2002).

'훈계訓戒'는 비판과 다르며, 세 가지 측면에서 더 안 좋다고 볼 수 있습니다. 첫째, 더 위계적입니다. 비판을 하면서 한 걸음 더 나아가 '가르친다'는 느낌까지 가미된 것이죠. 비판은 수평적일 수도 있지만 훈계는 철저하게 위계적입니다. 직급이나 서열이 같은 사람은 다른 사람을 훈계하지 못하니까요. 따라서, 훈계하는 상사는 비판하는 상사보다도 더 큰 불쾌함을 주기 쉽습니다. 자신이 남의 밑에서 명령에 복종해야 하는 존재라는 인식을 직원들이 자꾸 떠올리게 만들기 때문이죠. 관리자는 '충고', '조언'이라고 생각하면서 하는 말도 90년대생 직원의 귀에는 '훈계'로 들리기 쉽습니다. 많은 관리자들이 "기분 나쁘게 생각하지 말고 들어……"와 같이 운을 떼는데, 솔직히 그렇게 말하면 듣는 직원은 더 기분 나쁘게 느낍니다.

둘째, 훈계하는 쪽이 가진 문제적 심리가 암암리에 개입된다는 점입니다. 예를 들어, 훈계를 많이 하는 사람들은 자신도 과거에 훈계를 많이 들었던 사람들입니다. 자신이 들었던 훈계를 내면의 상처로 쌓아두었다가 관리자가 된 후 부하 직원들을 훈계하면서 응어리가 해소되고 우월감을 느끼게 되는 것이죠. 과거 훈계를 들으면서 가졌던 불편하고 억울했던 경험에 대한 일종의 보상 심리로도 볼 수 있습니다. 이 경우 훈계를 듣는 직원들은 상사의 희생양이 되는 셈입니다. 과거의 트라우마를 이런 식으로 해소하는 것을 정신분석학적으로는 '투사projection'라고 합니다. 사람들은 심리적인 부담을 덜거나 억압된 욕구를 충족하기 위해 다양한 방어기제를 사용하는데 투사도 그중 한 가지입니다.

셋째, 시대 착오의 오류에 빠지기 쉽습니다. 이 내용은 앞부분에서 꼰대에 관해 언급한 내용과도 관련이 있습니다. 훈계는 자주 자신의 과거 경험과 직원의 현재 행동을 비교하는 식으로 이뤄집니다. "나 때는 말이야" 하면서 훈계를 하는 것이죠. 이런 식으로 지적하는 것은 현재의 맥락에 과거의 팩트를 대입하는 방식이라 문제라고 이미 앞에서 지적했습니다. 옛날 '보릿고개'를 경험한 세대는 자식들에게 음식 남기면 죄라면서 남기지 말고 다 먹으라는 말을 귀에 못이 박이게 했습니다. 실제 사람이 굶어 죽을 수도 있는 상황을 경험한 사람들에게는 당연히 할 수 있는 얘기입니다. 하지만, 지금은 남기지 않고 다 먹으면 살 찌고 병 나기 십상입니다. 직장 상사나 선배가 90년대생 신참들에게 해주는 얘기도 이런 느낌으로 들릴 때는 그저 짜증 나는 훈계일 뿐입니다.

직원들이 관리자의 지적을 훈계가 아니라 조언으로 받아들이는 것도 불가능한 것은 아닙니다만, 몇 가지 어려운 조건을 충족해야 합니다. 첫째, 진심이 느껴지도록 전달해야 합니다. 사심 없이 정말 부하, 후배의 성공을 위해 솔직한 얘기를 하는 것임을 믿을 수 있을 정도가 되어야 합니다. 둘째, 문제를 정확히 알고 있어야 합니다. 특정한 몇몇 행동이나 표면적인 현상만 가지고 지적하면 아무리 진심이라도 직원들이 잘 수용하지 않습니다. 셋째, 대안에 집중합니다. 잘못을 명확히 하고 인정을 했으면 빨리 어떻게 개선할지에 포커스를 둬야 합니다. 마지막으로, 수평적으로 얘기합니다.

"무조건 해", "내 말대로 해" 같은 식으로 하향적인 압박을 가하는 것이 아니라 "이렇게 해보면 어떻겠어?"라는 식으로 제안을 하는 것입니다. 90년대 직원들에게도 꾸준히 이런 룰에 맞춰 얘기를 한다면 '훈계하는' 상사, 선배로서의 이미지는 얻지 않을 것입니다.

해결책은 대화에 있다

90년대생과의 차이점에서 발생하는 대화상의 갈등을 극복하기 위해서는 훈계나 비판보다 대안을 찾는 대화에서 해결책을 모색해야 합니다. 그러기 위해서는 관리자와 직원 간의 대화에 따른 감정변화 메커니즘을 객관적으로 이해할 필요가 있습니다. 다음은 이 메커니즘을 이해하기 쉽게 도식화한 것입니다.

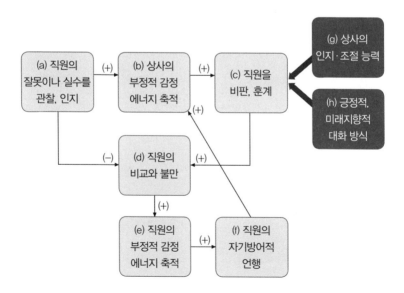

그림의 내용을 좀 풀어보자면 이렇습니다. 직원의 실수나 잘못을 관찰하면(a), 관리자의 마음 속에는 부정적 감정이 쌓입니다(b). 이것이 누적되면 결국 직원에 대한 비판이나 훈계로 표출이 되는데(c), 직원은 자신의 행동과 상사의 비판을 비교하게 되고, 만약 자신의 행동에 비해 상사의 비판이나 질책이 지나치다고 생각하면 그 차이가 상사를 향한 직원의 부정 감정으로 축적되어(e) 직원의 자기방어적 행동을 촉발시킵니다(f). 어떤 상사는 직원의 이런 자기방어 행동에 분개하며(b) 더욱 직원을 나무라게 됩니다.

이 모델에는 관리자가 통제할 수 있는 두 개의 조절 변수가 있습니다. 하나는 직원의 행동을 포용적으로 바라보고 이해함으로써 비판, 질책을 하기 전에 스스로 자기 조절을 하는 것이고(g), 다른 하나는 지적을 하더라도 대화 방식을 건설적, 긍정적으로 가져감으로써(h) 직원의 불만을 필요 이상으로 높이지 않는 것입니다. 훈계나 비판보다 대안을 찾는 대화로 리더십을 발휘함으로써 자칫 악순환의 고리에 빠질 수 있는 상황을 적절하게 통제할 수 있다는 얘기입니다. 실제 90년대생들과 건설적인 대화를 이끌기 위해 필요한 구체적인 팁을 열 가지로 정리했습니다.

1. 감정을 가라앉힌다

직원이나 관리자나 화가 나 있는 상태에서 대화하는 것은 좋지 않습니다. 끓어오르는 감정이 이성을 압도한 상태의 대화는 위험하기까지 하니까요. 욱하는 마음에 막말이나 인격모독성 발언이

튀어나와 오히려 더 큰 문제를 만들 수도 있습니다. 화는 10분 정도만 시간을 갖고 가라앉혀도 상당 부분 해소된다고 합니다. 차 한 잔 마시고 대화하면 됩니다.

2. 우선 들어준다

관리자가 보기에는 명확하게 잘못된 행동으로 보이지만, 직원 입장에서는 나름 이유가 있을 수 있습니다. 그걸 물어보지도 않고 곧바로 지적이나 비판을 하면 직원은 억울하다거나 알지도 못하면서 잔소리한다고 생각할 수 있습니다. 직원이 얘기하는 이유가 말이 될 수도 있고 안 될 수도 있지만, 일단 어떤 생각이었는지 들어주기만 해도 큰 차이가 있습니다.

3. 다른 사람과 비교하지 않는다

좀 더 잘하라고 격려하거나 지적하는 것은 좋지만, 다른 직원 또는 자신과 비교하면서 얘기하는 것은 좋지 않습니다. "열심히 하고는 있는데, ○○와 비교하면 아직 멀었다"라는 식으로 얘기하면 바뀌려고 노력을 하고 싶다가도 반감을 살 수 있습니다. 차라리 기대에 부응하기 위해 좀 더 노력해달라는 식으로 직설적으로 말하는 것이 좋습니다.

4. 주제에서 벗어나지 않는다

훈계나 비판은 듣는 사람을 짓눌러서 작아지게 하는 경우가 많습니다. 질책을 했는데도 반성의 기미가 안 보이면 관리자는 다른 주제까지 마구 갖다 붙여 뉘우치는 기색을 보일 때까지 질책을 합니다. 순간 속이 시원할지 몰라도 '건설적'인 비판은 물 건너갑니다. 그러므로 개선을 요구할 주제를 정해두고 거기서 벗어나지 않는 대화를 해야 합니다.

5. 인격적 비난은 절대 금지

사람 자체에 대한 비판은 '즉각적으로' 자기 방어 메커니즘을 가동시키는 버튼입니다. "일정을 못 맞추면 미리 얘기를 해주면 좋았을 텐데, 어떤 사정이라도 있었나?" 정도면 될 것을, "자네는 원래 사람이 그렇게 시간 약속을 지킬 줄 모르나?" 같은 식으로 말할 필요는 없다는 것이죠.

6. 바뀔 시간을 준다

결점이나 문제가 있다고 이를 일일이 지적하여 고치려 하지 마십시오. 업무 행동 변화는 시간을 두고 습관이 바뀌어야 하는데, 바뀌려고 노력하는 중에도 쉬지 않고 지적하면 스트레스를 가중시키고 대화를 더 단절시킵니다. 대화를 통해 직원이 변화 필요성을 인지했다면 행동으로 나타날 때까지 일정 기간 기다리는 것이 좋습니다.

아직 꼰대는 되고 싶지 않습니다

7. 지난 잘못은 들추지 않는다

과거의 잘못을 지적하여 고쳐졌다가도 다시 실수를 하거나, 또 다른 문제가 나올 수 있습니다. 그럴 때는 최근의 이슈에 대해서만 팩트 위주로 지적을 해야지, 과거 문제까지 다시 들추어서 비판하면 오래된 상처를 다시 건드리는 셈이 되어 반발을 부를 수 있습니다.

8. 평소 신뢰를 쌓으려고 노력한다

듣기 싫은 얘기를 해도 잘 수용하는 경우는 관리자에 대한 신뢰가 쌓여 있을 때입니다. 신뢰는 능력과 호의에서 나옵니다. 유능한 관리자가 평소 배려와 관심을 보여왔다면 종종 쓴소리를 해도 거부 반응 없이 개선 노력을 하게 됩니다. 아직 그런 신뢰를 쌓지 못했다면 지적하기 전에 신뢰를 먼저 쌓는 노력이 필요하겠죠.

9. 개선을 위한 도움을 제안한다

일방적인 지적 끝에 "무슨 말인지 알았으면 나가봐"라는 식으로 끝을 맺는 관리자들이 꽤 많습니다. 그런 방식은 행동 변화를 상투적으로 '지시'하는 셈인데, 직원에게 변화 의지를 주기 어렵습니다. 지적하는 데 들이는 시간보다 더 많은 시간을 어떻게 개선할지 구체적으로 상의하는 데 할애하고 필요한 부분은 돕겠다는 관리자의 의지를 표명할 필요가 있습니다.

10. 타협점을 구한다

관리자의 기대는 항상 직원의 행동 수준보다 높을 수밖에 없습니다. 따라서, 한 번에 자기 기대 수준에 도달하기를 요구하는 것은 무리입니다. 이럴 때는 중간선에서 타협점을 구하고, 점진적으로 행동 변화를 얻어내는 것이 좋습니다. '타협 → 개선 → 인정'을 거쳐 다시 '개선'으로 이어지는 선순환의 사이클이 만들어지도록 말입니다.

아직 꼰대는 되고 싶지 않습니다

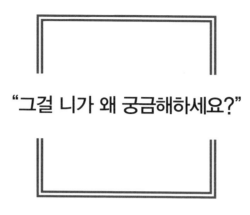

"그걸 니가 왜 궁금해하세요?"

"강 대리! 어젯밤에 뭐 했어? 얼굴이 핼쑥하네. 신혼 때는 보양식을 많이 먹어야지. 오늘 삼계탕 어때?"

"김 주임, 애는 언제 가질 거예요? 어차피 낳을 거면 빨리 낳는 게 좋아. 나처럼 늘그막에 고생하지 말고."

"동부이촌동 산다고? 나도 거기 사는데. 아파트는 자가야 전세야? 주말에 만나서 브런치나 먹어요."

90년대생 직원들과 어느 정도 편안하게 대화하는 사이가 되었더라도 조심해야 할 것이 있습니다. 바로 '대화의 선을 넘는 것'인데요. 기성세대는 직장에서 동료들과의 관계는 가까울수록 좋다고 생각했습니다. "동기 사랑, 나라 사랑!"이라고 외치며 건배를 했던 이들은 동료가 이사를 가면 모두 찾아가서 집들이를 해주고, 상사가 부하직원의 집안 대소사까지 아는 것이 당연하다고 생각했습니다. 하지만 90년대생 직원들은 이런 관계 문화에 큰 거부감을 느낍니다. 사생활 침해라고 느끼기 때문입니다. 몇 년 전 한국내 조사에서 업무 외 사생활을 직장 동료와 공유하는 것에 대해 70년대생은 43%가 괜찮다고 했지만, 90년대생은 29%만 동의했습니다.

조직 안에서 구성원 간의 거리감과 사생활 문제를 어떻게 처리할지는 미묘한 문제입니다. 거리감이 너무 없으면 사생활을 보호하기가 어렵고, 사생활을 어느 정도 희생하지 않고는 거리감을 줄이기 어렵기 때문입니다. 조직에서는 구성원 간의 친밀함도 필요하고 개개인의 사생활도 존중되어야 합니다. 사회적인 동물이면서 또 자의식을 가진 인간에게는 광장과 동굴이 모두 필요하기 때문입니다. 한편으로는 친밀한 관계 형성을 통해 집단 생활을 잘 영위하도록 유도할 필요가 있지만, 다른 한편으로는 자기만의 내면 세계에 대한 욕구도 충족할 수 있도록 해야 합니다. 그래서 어려서는 품에 끼고 키우던 자식들도 십 대 전후에 접어들면 자기 방을 마련해주고 자녀 방에 들어가기 전에 노크를 해야 합니다. 자기 방을 갖는다는 것은 사생활의 시작을 의미하며 자기만의 피난처에 대한 필요를 인정해주는 것입니다.

직장에서 보이지 않게 이뤄지는 사생활 침해는 어제오늘의 일은 아니었습니다. 2013년 한 취업 포털에서 실시한 직장 내 사생활 침해에 대한 설문조사에서 응답자의 71%가 회사에서 사생활을 침해받고 있다고 말했습니다.[17] 집안 사정을 캐묻는 동료, 주말 데이트 계획을 궁금해하는 선배, 볼 때마다 결혼하라고 재촉하는 상사까지, 사생활을 침해하는 유형은 다양합니다. 한국 사람들이 서구 문화권과 비교해 사생활에 대한 존중이 부족하다는 것은 많이 지적되어온 부분입니다. 외국 사람들이 한국에 살면서 놀라는 것 중 하나도 사생활에 대한 존중이 부족하다는 점입니다. "결혼은 했느냐", "나이가 몇 살이냐", "한국 여성과의 결혼 생활은 어떠냐" 등 다른 나라에서는 대개 금기시되는 질문을 던지는 경우가 적지 않으니까요.

문제는 막상 그런 질문을 하는 사람은 자신이 사생활 침해를 하고 있다는 인식조차 하지 못한다는 것입니다. 그러나 현대 사회에서 사생활 보호는 갈수록 법으로 보호되고 있는 추세이기도 합니다. 개인정보 및 초상권 보호, 감시받지 않을 권리, 신체와 정신적 안녕, 개인의 정체성에 대한 존중 등이 모두 사생활 보호의 영역에 포함됩니다. 남의 사생활에 간섭하지 않는 것은 최소한의 소극적 의무라고 할 수 있습니다. 사생활 보호는 쌍무적이면서 공공적입니다. 나의 사생활을 보호받고 싶다면 나도 다른 사람의 사생활을 침해하지 않는 노력이 필요합니다. 사생활 보호는 모든 사람이 함께 지켜야 하는 사회 규범이라는 의미입니다. 요즘은 심지어 '인기'로 먹고사는 연예인들도 사생활에 대한 권리를 외치고 있습니다.

---

17. 〈직장인 71%, 회사에서 사생활 침해받아〉, 아시아경제, 2013. 5. 22.

관심이 지나치면 간섭

90년대생들은 이전 세대와 비교해 사생활 보호에 대한 기대 수준이 높습니다. 형편이 어려워 한 방에서 부모 또는 형제자매와 함께 지내는 일이 흔했던 6~70년대와는 달리 80년대 이후 아파트가 빠르게 보급된 이후 성장기를 보낸 90년대생은 사춘기 때 자기 방에서 지낸 경우가 많았습니다. 1980년 이후 우리나라의 주택 총량 증가는 온전하게 아파트 공급 증가에 의한 것입니다. 2018년 조사에서 우리나라 아파트 거주 가구 수는 1001만을 넘어 처음으로 50%를 돌파했습니다.

사생활에 대한 젊은 직원들의 인식은 그들의 세계관과도 관련이 있습니다. 흔히 '나나나 세대Me, Me, Me Generation'[18]라고 불리우는 젊은 세대는 자기 자신을 중심으로 세계에 대한 인식을 구성합니다. 이런 관점은 과거 조직을 중심에 두고 개인들이 거기에 속한 것으로 바라보는 '회사 인간company man형' 관점과 정반대입니다. 조직 중심 세계관에서는 개인의 사생활 역시 조직의 한 부분이고, 그것을 물어보는 것은 아무 문제가 없는 것이었으나, 개인 중심 세계관에서는 그런 행위가 개인 권리에 대한 침해로 여겨질 수 있습니다. 게다가, IT 기술의 발달로 사생활 침해가 손쉽게 일어날 수 있는 세상이 되었고 그런 세상에서 성장한 젊은 세대는 그만큼 사생활에 대해 더 민감합니다. 즉 자신의 사생활 보호에 높은 가치를 둘

---

18. 《타임》 2013년 5월호 표지에서 밀레니얼 세대를 '나나나 세대(Me, Me, Me Generation)'로 표현한 후 널리 통용되고 있습니다.

아직 꼰대는 되고 싶지 않습니다

뿐 아니라, 그것이 침해되는 것에 대해서도 매우 민감하게 생각하는 사람들이 조직 안에 들어오기 시작한 것입니다.

미국 인구조사국US Bureau of Labor Statistics은 2016년 미국 밀레니얼 세대를 약 40년 전인 1975년의 젊은 세대들과 비교했습니다. 서로 다른 두 시점에서 18~34세 사이 미국인들은 관계, 교육, 경제적 성취에 대해 매우 다른 생각을 가지고 있었습니다. 2016년 미국 젊은이들의 55%는 결혼과 출산이 그리 중요하지 않다고 생각했습니다. 1975년에는 열 명 중 여덟 명이 30세가 될 때까지 결혼했지만, 2016년에는 열 명 중 여덟 명이 45세가 될 때까지 결혼을 합니다. 1975년에는 해당 연령대 여성의 43%가 전업주부였지만, 2016년에는 그 수치가 14%에 불과합니다. 결혼정보업체 가연이 2019년 우리나라 19~44세 미혼 남녀 1000명을 대상으로 조사했을 때 '사정에 따라 결혼을 하지 않아도 된다'라는 답변이 78.7%였습니다. 이런 세대 간의 차이 속에서 사생활에 대해 거리낌 없이 얘기한다면 당연히 불편한 분위기가 조성될 수 있습니다.

한편, 사생활에 관한 90년대생의 태도에는 다소 모순적인 모습이 있습니다. 자신의 사생활에 대해서는 지키고 싶어 하지만 대중문화 속에서 사생활에 관한 정보를 만들고 소비하는 부분은 적극적이기 때문입니다. 예를 들어, 유튜브나 인터넷 방송의 '브이로그 v-log' 같은 콘텐츠 내용들은 많은 경우 사생활을 다루는 것들입니다. 그런데 90년대생들은 오래전부터 이런 콘텐츠를 많이 만들고 소비해왔고 때때로 인터넷에 노출하는 경우도 있습니다. 하지만 그렇게 한다고 해서 자신의 사생활에 대해 직장에서도 자유롭게 얘기하고 싶어 한다는 것은 아닙니다. 중요한 것은 그들의 사생활에 대한 판단을 먼저 내리지 않는 것입니다. 우연히 개인적인 내용에 대해서 알게 되었더라도 본인이 먼저 얘기를 꺼내지 않으면 모른 척해주는 것이 좋습니다. 바꿔 말하면, 자기 스스로 편하게 느껴서 공유하는 것은 괜찮다는 얘기입니다. 실제 저는 여러 외국계 회사에서 다양한 국적의 동료들끼리 서로 사적인 얘기를 나누는 사례를 자주 봤습니다. 다만, 원칙은 누구도 묻지 않고 스스로 편안하다고 느끼는 수위까지 자발적으로 공유한다는 것입니다. 얘기하기 싫으면 얼마든지 패스하면 되고, 거기에 대해 아무도 뭐라고 하지 않는다는 것입니다.

직장에서 나눌 수 있는 대화의 주제는 크게 업무, 관심사, 사생활로 나눌 수 있습니다. 90년대생과 대화할 때에는 업무에 대해서는 적극적 대화, 관심사에 대해서는 적절한 대화, 사생활에 대해서는 모른 척을 하는 것이 좋습니다. 90년대생 개인에 따라서는 관심사마저 사생활 영역에 포함시키는 경우가 있으므로 여기에도 주의를 기울일 필요가 있고요. 누가 봐도 명백한 사생활 범주에 해당하는 주제로는 부모님 직업, 이성 친구, 결혼 계획 같은 것들이 있습니다.

90년대생은 기본적으로 자신에 대한 적절한 관심은 환영하지만, 어느 선 이상의 간섭은 사양한다는 태도입니다. 이들과 대화를 할 때 관리자들에게 어려운 점은 관심과 간섭의 미묘한 차이를 구분하기가 어렵다는 것입니다. 관심이 지나치면 간섭이 될 것 같은데, 그 선을 어디에 그어야 할지가 애매해서죠. 차라리 일체의 오해를 피하기 위해 아무 관심도 주지 않는 것도 관리자로서 바람직한 접근은 아니기 때문에 고민하게 됩니다. 하지만 다음을 참고해 조금만 생각해보면 관심과 간섭을 구분하는 것은 그렇게 어렵지 않습니다.

- 관심은 주로 '이해'하는 행동입니다.

  간섭은 주로 '평가'하는 행동입니다.
- 관심은 대개 '긍정' 또는 '중립' 표현입니다.

  간섭은 '금지', '강요', '우려', '유감' 등 '부정' 표현이 많습니다.
- 관심은 받는 사람 입장에서 생각하는 것입니다.

  간섭은 하는 사람 또는 세간의 관점에서 생각하는 것입니다.
- 관심을 보이는 것은 순수한 호기심 때문입니다.

  간섭을 하는 것은 다른 의도가 있는 경우가 있습니다.
- 관심은 받는 사람으로 하여금 '편안함'을 느끼게 합니다.

  간섭은 '스트레스'를 느끼게 합니다.
- 관심은 듣는 사람의 자아존중감을 높입니다.

  간섭은 자아존중감을 낮춥니다.
- 관심이 없어지면 사람은 외로움을 느낍니다.

  간섭이 없어지면 해방감을 느낍니다.
- 관심을 보이면 대화가 이어집니다.

간섭을 하면 대화가 끊어집니다.

특히 중요한 것은 사생활과 관련된 기성세대의 가치 판단이나 평가, 충고가 섞인 듯한 표현을 하지 않는 것입니다. 사생활에 대한 정보를 아는 것은 1차적인 부분인데, 그렇게 알게 된 팩트를 통해 90년대생을 재단하고 평가하는 식의 말을 하면 굉장히 불쾌하게 여깁니다. 그런 경험을 하게 되면 90년대생은 더더욱 기성세대 선배와 관리자들과의 거리를 두려고 할 것입니다. 그렇게 되면 기성세대 직장인들 입장에서도 좋을 것이 하나 없습니다.

90년대생과의 관계는 어느 정도로 설정하는 것이 좋을까요? 어느 정도의 편차는 있겠지만, 인간적인 친근함은 유지하되 일적인 관계를 너무 벗어나지 않는 수준이 좋을 듯합니다. '우리는 한 가족'과 같이 조직 가치를 추구하는 기업이라고 하더라도, 그것은 어디까지나 조직 전체 차원에서 궁극적으로 지향한다는 의미이지 임직원 개개인이 서로 가족 구성원을 대하듯이 해도 된다는 것은 아닙니다.

끝으로, 개인의 비밀에 대한 흥미로운 문장을 인용합니다. 일제 강점기 조선의 천재 문인 이상李箱이 1936년 도쿄에서 쓴 자전적 소설 〈실화〉의 첫 문장입니다. "사람이 비밀이 없다는 것은 재산 없는 것처럼 가난하고 허전한 일이다."

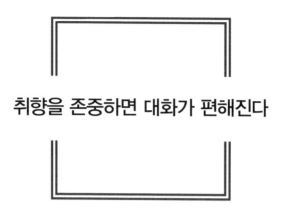

취향을 존중하면 대화가 편해진다

팀장: "김 과장, 술은 잘 마시나?"

과장: "한두 잔 정도 마십니다."

팀장: "담배는 피워?"

과장: "아니요."

팀장: "당구는 좀 쳐봤고?"

과장: "쳐본 적 없는데요."

지인이 경력직 과장으로 입사하여 첫 출근했던 날 팀장님이 불러서 위와 같은 대화를 했다고 합니다. 답변을 다 들은 팀장님은 "어, 그래?" 하더니, 아무 말 없이 가셨다고 하네요. 그 회사를 다녔던 몇 년 동안 팀장님은 회의나 보고 등 공식적인 업무 관련된 일이 아니면 지인과 10분 이상 마주해서 얘기해본 적이 없다고 합니다. 나중에 알고 보니 그 팀장님은 회사 일 끝나면 취향이 비슷한 몇몇 팀원들 데리고 가서 당구 치고 술 한잔하는 것이 인생의 낙이었다고 하네요. 취향이 업무와 식접적으로 관련이 있는 것은 아니지만, 취향의 차이를 인정하지 못하는 것은 동료들 간의 관계나 분위기에 좋지 않은 영향을 미칠 수 있습니다.

조사 전문업체 엠브레인에서는 2019년 보이 그룹 방탄소년단 BTS에 대한 국민 호감도를 조사했습니다.[19] 연령대별로 나눠보았을 때 BTS에 대한 호감도는 놀랍게도 연령대와 '반비례'하는 결과였지요.

연령대 (출생년도)	세대 구분	BTS에 대해 호감을 느낀다	BTS에 대한 외국인 리액션 영상을 시청한 경험이 있다	너무 열광적인 리액션이 이해되지 않는다
16~24세 (95~03년생)	Z세대	44%	34%	15%
25~32세 (87~94년생)	Y(밀레니얼) 세대	51%	40%	14%
33~44세 (75~86년생)	X세대	54%	41%	7%
45~54세 (65~74년생)	2차 베이비붐 세대	60%	49%	8%
55~64세 (55~64년생)	1차 베이비붐 세대	66%	63%	7%

19. 〈팬덤 문화 및 BTS 관련 인식 조사〉, 마크로밀엠브레인 트렌드모니터 (2019. 6).

BTS가 글로벌 인기 그룹이다 보니 유튜브에는 외국인들이 업로드한 '리액션' 영상도 많은데, 그런 영상을 찾아서 본 적이 있는지, 그리고 BTS의 퍼포먼스를 보며 열광하는 외국인들에 대해 어떻게 느끼는지도 물었습니다. 결과는 앞의 표와 같이 나타났는데, 젊은 층일수록 리액션 영상에 관심도 없고 외국인의 리액션에 대해서도 '왜 그렇게까지 열광하는지 모르겠다'는 태도가 뚜렷했습니다.

언뜻 의외로 보이는 이 조사 결과는 우리 사회 연령층별로 개인 취향에 대한 태도가 어떻게 다른지를 잘 보여줍니다. 고령 그룹에서 BTS에 대해 이렇게 높은 호감을 보이는 이유는 그들이 'K팝'으로 세계에서 인정받고 국위를 선양했다는 점을 높이 샀기 때문이라는 것이 조사팀의 해석입니다. 반면 젊은 층은 그냥 BTS의 춤, 음악, 퍼포먼스를 좋아합니다. 중장년층은 BTS가 '우리'를 위해 한 것을 높이 사는 반면, 젊은 사람들일수록 '자신'의 취향에 맞으니 좋아한 것입니다. 자신의 취향에 맞아서 좋아하는 것은 당연한 것이죠. 이런 태도는 직장에서도 이어집니다.

최근 직장 생활을 하기 시작한 사람들은 '남들이 좋다고 해도 나는 아니다'라고 생각하는 경우가 많습니다. 이런 취향의 다양성에 대한 존중이 필요하다는 사회적 인식도 이미 상당히 퍼져 있습니다. 같은 조사기관에서 2018년 조사한 바에 따르면 응답자의 94%는 개인의 취향은 존중되어야 한다고 생각했습니다.[20] 문제는 원론

---

20. 〈취향(호불호)에 대한 인식 조사〉, 마크로밀엠브레인 트렌드모니터 (2018. 8).

적으로 취향 존중의 필요를 인정하는 것과 직장 생활 현실에서 나
와는 다른 '강한 개성'으로 무장한 젊은 직원과 진짜로 부딪쳤을 때
정말 존중하는 자세를 유지할 수 있는지입니다.

취향은 사람의 정체성identity이 선택choice과 행동behavior으로 드
러난 것입니다. 가벼운 문제가 아니죠. 어떤 사람의 취향을 부정한
다는 것은 그 사람의 정체성을 부정하는 것과 별로 다르지 않습니
다. 자신의 취향에 대해 부정적인 얘기를 하는 사람에 대해서는 자
연스럽게 방어적이 되는 이유입니다.

기성세대가 '성공'에 의미의 부여하는 삶을 살았던 것만큼 90년
대생들은 '취향'에도 그에 못지 않은 의미를 부여합니다. 과거 조직
생활에서 성공이 한정적인 기회를 두고 경쟁을 통해 승자와 패자
가 나뉘는 위계적이고 집단적인 가치였다고 한다면, 90년대생들이
추구하는 취향은 승패와 우열의 개념이 없는 수평적이고 개인적인
가치입니다. 그래서 90년대생이 추구하는 취향은 독특하고 세분화
된 특성, 즉 '덕후적' 속성을 보이게 됩니다. 그래서 기성세대가 90
년대생의 취향을 이해하기는 쉽지 않습니다.

기성세대가 90년대생의 취향을 이해하기 어려운 또 다른 이유는
취향이 가진 완고성 때문입니다. 기성세대의 취향은 이미 오래전에
형성되었고 잘 바뀌지 않습니다. 미국에서 이뤄진 한 연구에 의하
면 음악에 대한 개인 취향은 중·고등학교 때 거의 결정되고 대부
분 성인은 자신이 33세가 된 이후에 나온 음악은 전혀 찾아서 듣지
않는다고 합니다. 사회심리학에서는 취향 및 선호의 형성을 '노출

효과mere exposure effect'로 설명하는데, 쉽게 말해 많이 노출되면 뇌는 이를 익숙하게 여겨 '좋은' 것이라고 느낀다는 것입니다.

굳이 이해하려는 노력까지는 안 해도 된다

취향을 존중한다는 것은 남이 좋아하는 것을 같이 좋아해야 한다는 것이 아닙니다. 타인의 취향이 나와 다를 때도 싫은 내색을 하거나 지적을 하지 않는 '쿨함'을 유지하는 것입니다. 90년대생들이 왜 그런 취향을 갖게 되었는지 굳이 역지사지易地思之의 정신까지 발휘하여 이해하려고 할 필요도 없습니다. 취향에는 이유가 없는 경우도 많고 90년대생들 안에서도 선호하는 것들은 각양각색이기 때문입니다. 그냥 '아, 다르구나' 하고 인정하면 충분합니다.

취향에 대해서는 어떤 적극적인 액션을 취하거나 일치시키려고 하기보다는 간섭하지 않고, 그것으로 인해 차별하지 않으며, 듣기 불편한 얘기를 하지 않는 것이 더 중요합니다. 그런데 90년대생의 얘기를 들어보면 직장에서 자기와 다른 취향이나 의견을 존중하지 않고 문제적인 행동을 하는 관리자들이 종종 있습니다. 다음과 같은 행동들이 대표적이라고 할 수 있습니다.

- 말이나 행동으로 주변 사람을 불편하게 만들고 기분이 조금만 나빠도 짜증 또는 화를 낸다.
- 남의 말은 흘려듣고 자기 얘기를 하며 자신의 취향이나 주장을 강변한다.
- 자기와 취향이나 생각이 다른 사람을 설득하려고 하고 설득이 잘 안 될

때 공격적인 태도를 보인다.

- 때때로 자기 자랑을 늘어놓고 상대를 무시하거나 빈정대기도 한다.

사실, 이런 행동은 조직에서 흔히 일어날 수 있고 아주 짧은 순간에 지나가는 일상적인 습관과 같은 것이라서 경험하는 직원들의 입장에서는 문제 제기를 하기도 어렵습니다. 폭언, 왕따, 성희롱 같은 경우는 구체적으로 사례를 들어 회사에 리포트를 할 수 있겠지만 이런 행동들은 얘기하기도 애매하고, 얘기를 한다 한들 "내가 언제 그랬냐?"라고 하면 입증하기도 어렵습니다. 하지만 이런 부정적인 '마이크로 언행'들은 직원들의 감정에 켜켜이 쌓이고 어느 순간 조직 내 갈등으로까지 번질 수 있습니다.

학자들은 조직 안에서 발생하는 갈등의 유형을 크게 과업 갈등 task conflict과 관계 갈등relationship conflict으로 나눕니다. 과업 갈등은 업무 목표, 의사 결정, 과업 수행 방식 등을 둘러싼 의견 차이로 생기는 갈등이고, 관계 갈등은 구성원 상호간의 적대감이나 불신과 같은 부정적 감정으로 인해 생기는 갈등을 의미합니다. 조직 내 갈등과 관련한 30개의 연구를 종합적으로 검토한 메타 연구[21]에 따르면, 조직 성과에 부정적인 영향을 미치는 것은 과업 갈등보다는 관계 갈등입니다. 관계 갈등은 팀 성과 및 팀원 만족도와 강한 부

---

21. De Dreu, C.K.W., Weingart, L.R.(2003), Task versus relationship conflict, team performance, and team member satisfaction: A meta-analysis. Journal of Applied Psychology, 88(4), 741-749.

아직 꼰대는 되고 싶지 않습니다

정적 상관 관계를 가지며, 특히 수행하는 업무가 복잡하고 까다로울수록 그 정도가 더 심하다고 합니다. 이런 연구를 감안해, 관리자들은 90년대생 직원들의 독특한 취향 추구가 부서 내 관계 갈등의 도화선이 되지 않도록 유의할 필요가 있습니다.

집단주의가 여전히 강한 문화 속에서는 팀 빌딩을 위해 좋은 싫든 모두가 같은 것을 해야 하는 경우가 있습니다. 평소 등산이나 운동을 좋아하는 사람도 있지만 싫어하는 사람도 많습니다. 회식도 마찬가지입니다. 술잔을 돌리고, 파도를 타고, 게임을 하고, 노래방을 가고, 야자 타임을 갖는 것들도 취향에 맞지 않다고 느끼는 사람들이 많습니다. 매일매일의 점심 시간도 그렇지요. 어떤 사람은 점심 때라도 업무를 잊고 긴장을 풀고 싶은데, 꼭 일 얘기를 꺼내는 사람이 있습니다. 못 하게 하기도 뭐해서, 그런 사람은 점심 먹는 자리에 잘 안 끼워주게 되지요. 어떤 사람들은 일부러 회사에서 먼 커피숍까지 가서 커피를 마시고 점심 시간 끝나는 시간에 딱 맞춰서 사무실에 복귀하는 것도 결국 취향 때문일 수 있습니다.

직장에서 취향이 같은 사람을 만나는 것은 당연히 반가운 일이겠지요. 하지만 직원들에게 더 중요한 것은 동료들의 다른 취향도 존중해주는 것입니다. 사회의 다양성이 커지는 만큼 취향도 점점 달라지기 때문입니다. 만약 90년생 직원이 자기 업무를 잘 알아서 하고 있고 팀원으로서의 역할도 소홀히 하지 않고 있다면, 취향의 차이점 때문에 갈등이 생기지 않도록 서로 존중하는 문화를 만들어주는 것이 관리자의 역할입니다.

성과를 향상시키는 피드백은 따로 있다

90년대생 직원들은 일을 통해 성장하고 인정받고 싶은 욕구가 강합니다. 기성세대가 우직하고 성실하게 일해서 인정받는 길을 걸어왔다면 젊은 세대 직원들은 스마트하게 일해서 성과를 내는 것을 선호합니다. 그러기 위해서는 자신의 능력과 업무 방식에 대한 지속적인 개선이 필요할 것입니다. 하지만, 이들은 다른 사람들이 자기에 대해 어설픈 충고나 조언을 건네는 것은 경계합니다. 그래서 요즘 젊은 직원들에게 업무 피드백을 하는 것이 간단하지 않습니다.

중고생 시절부터 생활기록부에 출결, 수상, 자격, 인증, 체험, 독서 등 다양한 형태로 평가를 받으며 자란 이들은 우선 평가에 대한 경험이 기성세대와는 다릅니다. 우선 평가에 대한 맷집이 있습니다. 그리고 이들은 '댓글 세대'입니다. 텍스트, 영상, 만화, 게임 등 다양한 콘텐츠를 댓글과 함께 소비해왔습니다. 자신의 감상이 다른 사람들의 관점과 비교해 어떤지를 항상 비교하는 습관이 있으며, 평가를 받아들일 뿐 아니라 스스로도 예리한 평가를 할 수 있습니다. 소셜 미디어 활용을 통해서도 '좋아요'나 '추천' 버튼을 신중하게 누르고, 어린이집 다닐 때부터 즐겨 본 예능 프로를 통해서도 리액션은 선택이 아니라 필수라는 코드를 습득했지요.

2010년대 중반 많은 글로벌 기업들에서 성과 관리 방식이 대대적으로 바뀌는 변화가 일어났는데, 이 변화에 MZ세대의 특성이 중요하게 고려되었다는 것이 중론입니다. 연 1회 등급 평가 후 상대서열화를 진행하는 방식에서 육성 위주의 수시 피드백 방식으로 바꾼 것이 그 핵심이었지요. 이런 변화를 통해서 가장 많이 바뀐 것은 제도가 아니라 관리자들의 피드백 방식이었습니다. 피드백의 빈도와 방식뿐 아니라 피드백에 쏟는 시간과 노력이 달라졌습니다. 모든 기업이 성공적으로 변화한 것은 아니었고 시행착오를 거치면서 여러 해 동안 변화가 이뤄졌습니다. 스타트업 기업을 중심으로 우리나라에도 이런 움직임이 확산되고 있습니다.

즉시, 구체적으로, 긍정적으로

기업에서 이뤄지는 대화 중에 가장 중요한 것 중 하나가 '피드백'에 관한 대화입니다. 별것 아닌 것 같지만 막상 제대로 하려면 피드백처럼 어려운 대화가 또 없습니다. 대부분의 경우 피드백은 기대한 성과 개선의 결과를 얻어내지 못한다는 연구가 있습니다. 미

국 컬럼비아대학교 심리학과 교수 케빈 옥스너Kevin Ochsner가 기업에서 이뤄지는 피드백의 효과에 대해 실증 분석을 행한 결과 30%의 경우는 성과 향상으로 이어지고, 30%는 성과 변화에 아무 영향이 없으며, 40%는 오히려 성과를 악화시킨다는 것을 알 수 있었습니다.

더 중요한 것은 피드백이 작동하지 않는 '이유'입니다. 유명한 뇌과학자이기도 한 옥스너 교수는 피드백이 제대로 작동하지 않는 것의 근본 원인을 '뇌'의 특성에서 찾았습니다. 직장인의 뇌는 하루 70~90% 시간 동안은 '습관적으로' 작동하고 '심사숙고'를 하는 시간은 10~30%에 불과합니다. 하지만 기업들의 피드백 제도는 관리자들이 직원들의 행동을 모두 기억하고, 심사숙고해서 피드백을 한다는 가정 위에 있습니다.

직장인의 업무 행동은 습관에 의존하는 부분이 너무 크기 때문에 그것을 바꾸기 위한 피드백 방식 역시 '습관 재형성'에 유리하게 이뤄져야 합니다. 그리고 사람의 습관을 바꾸는 피드백은 세 가지 특성이 있습니다. 바로 '즉시성', '구체성', '긍정성'입니다. 기존 방식이 잘 작동하지 않는 것은 이 세 가지 특성에 반하는 방식으로 이뤄지기 때문입니다. 90년대생 직장인들은 성장을 위한 피드백은 갈망하면서도 자신에 대한 평가와 피드백이 객관적이고 효과적이

아직 꼰대는 되고 싶지 않습니다

기를 기대합니다. 관리자들이 90년대생 직원들을 대상으로 성공적인 피드백 대화를 할 수 있는 전략을 알아보겠습니다.

1. 제때 자주 피드백한다

연 1회 평가 때만 피드백하는 것은 비효율적입니다. 1년 간의 업무 행동을 일일이 기억할 수도 없고, 메모했다가 피드백을 한다 해도 이미 타이밍을 놓쳤을 것입니다. 피드백은 프로젝트 주요 단계가 끝날 때마다 주는 것이 좋습니다. 운영성 업무인 경우는 피드백이 필요한 행동을 관찰한 후 하루에서 일주일 사이가 좋습니다. 반면, 너무 잦은 피드백은 피로도를 높인다는 연구도 있습니다. 따라서 프로젝트 주기나 업무량 등을 고려해서 적절한 피드백 타이밍을 결정해야 하겠지요. 애자일 팀들은 2~4주 주기로 피드백을 합니다. 피드백을 자주 한다고 해서 연례 고과를 꼭 폐지해야 하는 것은 아닙니다. 일례로, 페이스북의 경우 수시 피드백을 운영하면서도 연례 고과는 유지하여 상호보완적으로 활용하고 있습니다.

2. 피드백 미팅은 짧게 한다

피드백을 자주 하면서 시간 낭비가 되지 않으려면 짧은 시간에 임팩트 있게 해야 합니다. 너무 길어지면 집중력을 떨어뜨려 피드백 효과를 반감시키니까요. 짧은 시간에 하려면 결국 내용을 한두 가지로 집중시켜야 합니다. 업무 전체를 두루 리뷰하고 평가하기보다는, 최근 이슈가 되었거나 관찰된 사항을 집어서 집중적으로 얘기하고 끝내는 것이 좋습니다. 한 대기업의 조사에 따르면 90년대생 직원들은 '짧게라도 내가 한 일에 대해 얘기하며 피드백을 받고 싶다'고 생각하는 경우가 많았습니다. 미국의 조사에서는 90년대생 67%가 가장 적절한 피드백 시간은 '5분 이내'라고 답했습니다.

3. 데이터에 기반해 구체적으로 얘기한다

피드백의 목적은 행동 변화인데, 그것은 직원의 자기 인식에 달려 있습니다. 평소 직원이 스스로 인지하지 못하는 개선 필요 영역을 얘기해줘야 하는데, 문제는 누구나 자기 결점을 지적하는 것에 대해서는 방어적이 되기 쉽다는 것입니다. 칭찬 속에서 자라서 자존감이 높은 90년대생들은 더욱 그렇습니다. 따라서 관리자는 반드시 믿을 수밖에 없는 근거, 즉 관찰 결과 및 데이터를 제시해야 하고, 최대한 구체적으로 피드백을 해야 합니다. '왜 그렇게 보시는지' 물어봤을 때 근거를 제시하지 못하고 두루뭉술하게 그냥 더 잘하라고만 해서는 설득력이 없습니다. 구체적인 피드백은 디테일에서 옵니다. 전체적으로 "잘 했다", "좀 더 노력해라"가 아니라, 왜 잘한 것이고 어떤 부분이 바뀌어야 하는지에 대한 제안이 포함되면 좋습니다.

4. 사람과 행동을 명확히 구분한다

사탕발림이 아닌 제대로 된 피드백은 아픕니다. 때로는 아픈 피드백도 필요하지만, 필요 이상으로 아프게 하면 본능적으로 '자기

아직 꼰대는 되고 싶지 않습니다

방어'를 유발하기 쉽습니다. "자네는 그런 것 하나도 제대로 처리 못 하나?", "그렇게 해가지고 내년에 승진하겠어?" 같은 식으로 부정적 코멘트의 칼날을 사람에 향하는 것은 상처만 줄 뿐 개선 행동으로 이어지지 않습니다. 자기 방어나 자존심 상처를 유발하지 않으면서 피드백을 하려면 가장 중요하게 고려할 것이 '사람'과 '행동'을 분리하는 것입니다. 피드백 내용을 업무 관련 행동과 역량에 한정해야 하고, 인격, 가치관, 성향, 취향 등 관련이 없는 것에 대해서는 언급을 하지 않도록 합니다. '비난'과 '질책'의 감정이 섞이지 않은 언어를 사용하는 것도 중요합니다. 비난은 '사람'을 향한 것이기 때문입니다.

5. 잘한 것도 언급한다

잘하는 것은 당연한 것이니 개선할 것만 얘기하면 된다고 생각하는 관리자가 있습니다. 일 잘하는 관리자들이 이런 경향이 있습니다. 그런데 긍정 행동에 대한 칭찬을 먼저 하는 것은 피드백의 부정성을 완화합니다. 인류 역사상 최고 부자 10인 중 하나로 꼽히는 '철강왕' 앤드루 카네기Andrew Carnegie도 그래서 이런 말을 했겠지요. "아홉 가지 잘못을 찾아 질책하기보다 한 가지 잘한 일을 칭찬하는 것이 낫다." 잘한 것이 없는데 억지로 칭찬하라는 것은 아닙니다. 원래 피드백은 개선을 위한 지적을 목적으로 하는 경우가 더 많기 때문에 누구나 지적받는 것을 예상하고 피드백에 들어갑니다. 뼈아픈 지적이라도 그것이 정말 도움을 주려고 선의에서 애기하는 것이라면 괜찮습니다. 단지, 잘한 부분도 있을 때 그 부분도 언급을 하면 충격을 완화할 수 있다는 것이지요.

6. 목표와 피드백의 균형을 생각한다

목표와 피드백은 함께 가는 것입니다. 목표 없는 피드백은 공허하고, 피드백 없는 목표는 무의미합니다. 목표 수립은 알아서 하라고 내버려두었으면서 업무 결과만 가지고 부정적 피드백을 하면 90년대생 직장인들은 잘 받아들이지 못합니다. 반대로, 목표는 잘 세웠더라도 중간 과정에서 피드백과 코칭을 해주지 않고 방치했는데 기대한 성과가 나지 않았을 경우 그에 대한 책임을 묻는 것은 가혹한 처사가 됩니다. 스탠퍼드대학교 심리학과 교수 앨버트 반두라Albert Bandura는 많이 인용되는 연구에서 목표 또는 피드백만 주어졌을 때보다 목표와 피드백이 함께 주어졌을 때 업무 수행 향상 노력이 60% 정도로 증대된다는 결과를 제시했습니다. 이는 목표와 피드백 중 하나만 주어질 때보다 업무 수행 향상 노력의 증가 폭이 두 배 이상 크다는 것을 보여주는 결과입니다.[22]

7. 미래에 집중하여 대화한다

피드백의 근원적인 문제 중 하나로 꼽히는 것이 '과거지향성'입

---

22. Albert Bandura, Daniel Cervone (1983), Self-evaluative and self-efficacy mechanisms governing the motivational effects of goal systems, Journal of Personality and Social Psychology, 45(5), 1017-1028.

아직 꼰대는 되고 싶지 않습니다

니다. 미국 와튼 경영대학원의 교수인 심리학자 애덤 그랜트는 기존의 피드백 방식이 '바꿀 수 없는 과거에 집중'함으로써 오히려 부정적인 행동을 만들어내고 직원의 성장 가능성을 줄인다고 주장했습니다. 미국에서 200명을 대상으로 한 실험에서 '문제점을 지적하는' 방식의 피드백과, '개선 아이디어를 제안하는' 방식의 피드백을 하도록 요구했는데, 전자의 경우 사람들은 대체로 긍정적이면서 두루뭉술한 표현으로 피드백을 하지만, 후자의 경우에는 훨씬 예리하고 실용적인 피드백을 했으며 개선 필요 사항도 34% 더 많이 제안한다는 결과가 나왔습니다. 문제에 대한 지적과 반성은 짧게 하고, 대부분의 시간은 '그러면 어떻게 개선할 수 있을지'에 집중하는 것이 훨씬 수용하기도 쉽고 성과 향상에도 도움이 된다는 얘기입니다.

다양성이 커진 만큼 소통은 더 활발해져야 한다

수천 년 전 세워진 이집트 피라미드 내벽에 '요즘 젊은이들은 버릇이 없다'라는 의미의 상형문자가 새겨져 있더라는 얘기를 들어보았을 것이다. 세대 간 갈등은 인류 문명의 시작부터 있어온 문제라는 것이다. 그럼에도 불구하고 예나 지금이나 세대 차이는 질적으로 동등하다고 치부하는 것은 늘 불편하다. 세대 갈등 상황은 '어쩔 수 없는 문제이니 덮고 넘어가자'고 해석될 가능성이 있기 때문이다.

이 책 《아직 꼰대는 되고 싶지 않습니다》는 이런 불편함을 시원하게 해소해준다. 저자는 대표적인 고맥락 사회인 한국이 저맥락 사회, 다양화 사회로 변화하고 있는 것이 세대 간 갈등과 몰이해의 주요 원인이라고 진단한다. 듣고 보니 정말 그런 것 같다.

과거에는 한 직장에서 일하는 선후배와 동료들이 대부분 비슷한 배경과 가정환경을 지니고 있었고 거의 동일한 교육을 받았다고 해도 과언이 아니었다. 하지만 요즘 우리가 조직에서 관찰하는 모습은 달라도 너무 다르다. 특히 지금 20대 후반~40대 초반에 해당하는 직장인들은 완전히 다른 방식으로 공부하고 커리어를 밟아왔다. 가정환경도 천차만별이며, 개인적으로 추구하는 취향과 가치도 다양해졌다. 이제 조직에서도 다양성이 커진 만큼 서로를 이해하기 위해서는 과거보다 훨씬 더 많은 소통이 필요하다.

맬컴 글래드웰도 저서 《타인의 해석》에서 비슷한 지적을 했다. 현대인들이 겪는 갈등의 상당 부분이 서로가 서로를 실제로 모르면서 잘 이해하고 있다고 착각하는 데서 기인한다는 것이다. 그런 관점에서 본다면, 차라리 '그들은 나와는 다른 인생 여정을 걷게 될 것'이라고 인정하는 편이 낫지 않을까? 어쩌면 그런 마음가짐에서부터 꼰대 탈출이 가능하지 않을까? 책을 읽다 보면, 저자가 이런 문제에 대해 정말 다양한 각도에서 고민했다는 것을 느낄 수 있다.

'취향이 다른 것까지 굳이 이해하려고 할 필요까지는 없다'는 저자의 의견에도 격하게 동의한다. 서로 왜 그렇게 다른지 이해를 못하겠다며 답답해할 필요는 없다는 것을 저자는 설득력 있게 설명해준다. 때로는 개인적으로 이해가 되지 않는 부분도 인정하며 함께 일하고 소통할 수 있어야 한다. 인간에 대한 애정은 간직하되 기대는 낮추는 것이 세대 간 갈등을 낮추는 방법이 될 수 있다.

《하버드비즈니스리뷰》한국어판 편집장 조진서

아직 꼰대는 되고 싶지 않습니다

초판 1쇄 발행 2020년 11월 25일
초판 3쇄 발행 2022년 5월 2일

지은이 • 김성남

펴낸이 • 박선경
기획/편집 • 이유나, 강민형, 오정빈, 지혜빈
마케팅 • 박언경, 황예린
표지 디자인 • dbox
제작 • 디자인원(031-941-0991)

펴낸곳 • 도서출판 갈매나무
출판등록 • 2006년 7월 27일 제395-2006-000092호
주소 • 경기도 고양시 일산동구 호수로 358-39, 808호 (백석동, 동문타워1)
     (우편번호 10449)
전화 • (031)967-5596
팩스 • (031)967-5597
블로그 • blog.naver.com/kevinmanse
이메일 • kevinmanse@naver.com
페이스북 • www.facebook.com/galmaenamu

ISBN 979-11-90123-91-4 / 03320
값 15,000원

이 도서의 국립중앙도서관 출판예정도서목록(CIP)은 서지정보유통지원시스템 홈페이지
(http://seoji.nl.go.kr)와 국가자료종합목록 구축시스템(http://kolis-net.nl.go.kr)에서 이용
하실 수 있습니다. (CIP제어번호: 2020046887)